삼매경 三魅鏡 ·두 번째 이야기·

마음에 찍는 쉼표와 느낌표

삼매경 두 번째 이야기

2013년 11월 11일 초판 1쇄 발행
2017년 1월 31일 초판 6쇄 발행

지은이   SERICEO 콘텐츠팀
펴낸곳   삼성경제연구소
펴낸이   차문중
출판등록   제1991-000067호
등록일자   1991년 10월 12일
주소   서울시 서초구 서초대로74길 4(서초동) 삼성생명서초타워 30층
전화   02-3780-8153(기획), 02-3780-8084(마케팅), 02-3780-8152(팩스)
이메일   seribook@samsung.com

ⓒ SERICEO 콘텐츠팀 2013
I S B N   978-89-7633-456-5   03320

삼성경제연구소 도서정보는 이렇게도 보실 수 있습니다.
홈페이지(http://www.seri.org) → SERI 북 → SERI가 만든 책

삼매경 三魅鏡 · 두 번째 이야기 ·

마음에 찍는 쉼표와 느낌표

SERICEO 콘텐츠팀 지음

삼성경제연구소

CEO를 위한 '상상력 발전소', 새로움을 만드는 '생각의 용광로', '퓨처마킹의 백과사전', 대한민국 대표 경영자를 위한 '통섭의 정원'… 2001년부터 시작된 CEO를 위한 동영상 지식정보사이트, SERICEO의 또 다른 이름입니다. 그동안 우리는 'SERICEO란 무엇인가'라는 질문을 수없이 던졌고, 시대의 변화에 맞춰 SERICEO를 매번 새롭게 정의했습니다. 그리고 그 이름값을 하기 위해 부단히 노력했습니다. 그 결과 SERICEO에는 경제·경영 분야의 최신 리포트는 물론 리더십, 역사, 철학, 문화예술 등 대한민국 오피니언 리더들에게 꼭 필요한 지식콘텐츠 1만 3천여 편이 쌓이게 되었습니다

(2013년 1월 기준). 그 중에서도 지금 여러분 손에 들려 있는 '삼매경(三魅鏡)'은 SERICEO가 자랑하는 대표 콘텐츠로서, 2009년 2월에 처음 시작하여 4년 넘게 간판 콘텐츠의 자리를 굳건히 지키고 있는 장수 프로그램입니다.

'삼매경'이란 원래 '三昧境', 즉 '잡념을 버리고 한 가지 대상에만 정신을 집중하는 경지'를 이르는 말입니다만, 이를 약간 비틀어서 '세 가지(三) 매력적인(魅) 거울(鏡)'이라는 뜻으로 '三魅鏡'이라 이름 붙였습니다. 세상을 보는 새로운 거울, 요컨대 전에는 미처 보지 못했던 참신한 시각, 상식을 깨는 엉뚱발랄한 이야기, 가슴을 치는 감동을 선사하는 마법의 거울이라고나 할까요?

업데이트될 때마다 많은 회원들의 뜨거운 호응을 얻어온 삼매경은 2011년 책으로도 발간되어 대한민국 CEO들을 사로잡으며 높은 인기를 실감케 한 바 있습니다. 이제 첫 출간 이후에 발표된 새로운 이야기들 중에서 우리 자신과 사회를 보듬어주고 응원해주는 24편을 골라 《삼매경 두 번째 이야기》로 묶고자 합니다.

싱싱함이 생명인 수산시장에서 '만지면 안 된다'는 '클리셰 (Cliché)'를 깨고, "직접 만져보시겠어요?"라고 먼저 제안하는 파이크 플레이스 마켓 이야기. 1900년대 초만 해도 삼류대학에 지나지 않았던 미국 시카고대학이 '시카고플랜', 즉 인문고전 100권 이상을 읽어야 졸업을 시켜주는 프로그램을 실시한 후, 불과 80년 만에 유수의 노벨상 수상자를 배출한 명문대가된 사연. 일제 식민지 시절, 대대로 내려오던 전답 18만 평은 물론 딸이 시댁에서 받은 장롱 값마저 노름 밑천으로 빼앗아 간 희대의 파락호(破落戶) 김용환이 사실은 '노름꾼으로 위장한 독립투사'였다는 놀라운 이야기 등등 《삼매경 두 번째 이야기》에도 우리의 지적 호기심은 물론 헛헛한 가슴을 뜨거운 감동으로 채우는 매력적인 이야기들이 넘쳐납니다.

새로운 생각은 떠오르지 않고 벽에 가로막혀 어떻게 해야 앞으로 나아갈지 막막할 때, 평생을 쉬지 않고 열심히 달려왔는데 어느 날 문득 제자리걸음을 걷고 있는 자신을 발견했을 때 《삼매경》을 펼쳐보세요. 짧지만 깊은 울림을 주는 수많은 이야기가 작은 위로와 희망의 빛을 제시할 것입니다.

끝으로 새로운 삼매경이 나올 때마다 아낌없는 격려와 지지를 보내주신 SERICEO 회원 여러분께 깊은 감사의 말씀을 전합니다. 삼매경은 여러분의 관심과 사랑으로 지속될 수 있었습니다. 앞으로도 참신한 시각과 엉뚱한 발상으로 세상을 비추는 삼매경의 여정은 계속될 것입니다.

2013년 11월
SERICEO 콘텐츠팀

미처 몰랐던,
최고의
'나'를
만나는 방법

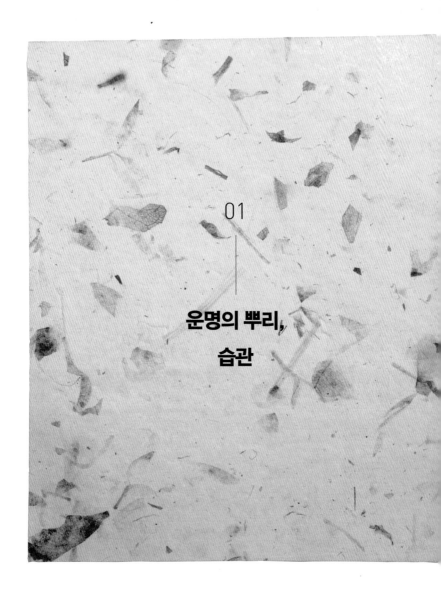

01

운명의 뿌리,

습관

처음에는 내가 _____을 만들지만,

결국에는 _____이 나를 만든다.

_____ 안에 들어갈 말은?

:

정답은

"습관"

"우리가 반복하는 행동이 곧 우리다.

'뛰어남'이란, 하나의 습관이다."

― 아리스토텔레스

습관은 바로
자기 자신이다

유명 인사들에게는 남다른 습관이 있다.

세계 최고의 부자로 불리는 빌 게이츠의 습관은

'타인의 장점 찾기'이다.

사람은 누구나 장점과 단점을 모두 가지고 있다.

빌 게이츠는 단점이 아닌 장점에 주목해

인재들을 수시로 발굴하고 적재적소에 배치한다.

투자의 천재 워렌 버핏의 습관은

퇴근 후 '매일 책 한 권 읽기'이다.

그날 읽은 책의 내용을 다음날 업무에 적용해

새로운 시도를 모색하고 다양한 전략을 구사한다.

스타벅스 회장 하워드 슐츠의 습관은
'날마다 새로운 사람들과 점심 먹기'이다.
다양한 분야의 사람들을 만나 인적 네트워크를 확장하고
사업성을 판단하는 안목을 높인다.

이런 습관이 바로 이들을 만든 힘이다.
하루하루 반복되는 나의 습관은
어느 순간 내 자신이 되어버린다.

참고 • "이기는 경영 하고 싶다면 좋은 습관 익혀 실행하라" (2012. 2. 28.),《이코노믹리뷰》
• "김환영의 아포리즘 경영학, 습관" (2012. 4. 23.),《이코노미스트》

습관은 그 사람의
인생철학이다

미국에서 가장 인기 있는 스포츠는 미식축구다.

때문에 미식축구의 챔피언을 가리는 슈퍼볼에 대한 관심은

뜨겁다 못해 끓어 넘칠 지경이다.

슈퍼볼의 우승 트로피는 '롬바르디컵'이라 불리는데

전설의 미식축구 감독, 빈스 롬바르디의 이름에서 따온 것이다.

빈스 롬바르디(Vince Lombardi, 1913~1970),

그는 1958년 승률 10%에 불과했던 그린베이 패커스팀을 맡아

단 1년 만에 60%로 승률을 끌어올렸다.

그리고 1967년 제1회 슈퍼볼에서 우승을 거머쥐었고

이듬해 제2회 슈퍼볼에서도 연속 우승을 차지했다.

그는 아홉 시즌 동안 여섯 번 결승전에 진출해
슈퍼볼 2연패를 포함, 다섯 번이나 우승했다.
그의 통산 승률은 무려 74%에 이른다.

이기는 것보다 지는 것에 더 익숙했던
그린베이 패커스팀을
최고의 팀으로 만든 그의 저력은 무엇일까?

1부 | 미처 몰랐던, 최고의 '나'를 만나는 방법

사실 롬바르디 감독이 선수들에게 가장 자주 한 말은
'습관'에 관한 것이었다.

"한번 포기하는 것을 배우면 그것은 습관이 된다."

"이기는 것은 습관이다. 불행하게도 지는 것 역시 습관이다."

"연습이 완벽함을 만드는 것이 아니라
완벽한 연습만이 완벽함을 만든다."

좋은 습관이 승리를 만드는 바탕이라는 롬바르디의 믿음은
팀을 이끄는 가장 훌륭한 전략이자
그를 세계적 명장으로 만든 인.생.철.학.이었다.

참고 • '승률 74% 롬바르디 美 NFL 그린베이 패커스 감독' (2011. 8. 13.), 《조선비즈》

좋은 습관은
어떻게 만들까?

2009년 영국 런던대학의 한 연구팀은

습관에 관한 재미있는 연구를 실시했다.

실험에 참가한 사람들에게 새로운 행동을 하나씩 부여하고

이 행동에 익숙해질 때까지 걸리는 시간을 조사한 것이다.

그 결과 새로운 행동에 대한 거부감이 사라지는 데는

평균 21일이 걸렸다.

또 평균 66일이 지난 후부터는

그 행동을 하지 않을 경우 오히려 불편함을 느꼈다.

즉, 어떤 행동을 66일 동안 꾸준히 반복하면

그때부터는 무의식에 고착되어 습관이 된다는 것이다.

그렇다면 좋은 습관은 어떻게 만들 수 있을까?

우선, 결심한 것에는 예외를 두지 않아야 한다.

또 계획한 것을 다른 사람들에게 널리 알리거나

새로운 습관을 가진 내 모습을 상상해보는 것도 도움이 된다.

그리고 좋은 습관을 위해 노력하였다면

반드시 스스로에게 상을 주도록 하자!

참고 • "How long does it take to form a habit?" (2009. 8. 4.), UCL News
      • 브라이언 트레이시 (2005), 《백만불짜리 습관》, 서사봉 역, 용오름

1부 + 미처 몰랐던 최고의사를 만나는 방법

매일 이어지는 작은 습관이

우리의 하루를 결정하고

그 하루가 모여 한 달, 일 년, 평생을 이룬다.

습관은 그 사람이 자신의 삶을 대하는 태도이며

그가 속한 조직의 성패를 좌우하기도 한다.

기업의 오랜 역사를 함께한 습관은

기업의 신조가 되고

곧 기업의 이미지가 된다.

습관은,

나와, 우리 조직의 뿌리이다.

UCL 습관연구

영국 런던대학(UCL)의 필리파 랠리(Phillippa Lally) 교수 연구팀은 2009년 습관 형성에 관한 흥미로운 실험을 했다. 새로운 습관을 만들거나 기존 습관을 없애는 데 걸리는 시간을 조사한 것이다. 이 연구는 식습관 개선을 위한 연구였지만, 일반적인 습관에도 적용 가능하다.

연구팀은 먼저, 지원자들에게 매일 똑같은 행동을 하나씩 하도록 주문했다. 그리고 그 행동을 의식 없이 하게 되는 정도를 수치로 표현하게 했다. 일부러 생각해서 하면 의식 쪽에 가까운 점수를, 자동적으로 하면 무의식 쪽에 가까운 점수를 주게 한 것이다. 시간이 흐를수록 사람들의 점수는 무의식에 가까워졌고, 그 결과 새로운 행동에 대한 거부감이 사라지는 데 걸리는 시간은 평균 21일, 그 행동을 자동으로 하게 되는 데 걸리는 시간은 평균 66일인 것으로 조사되었다.

66일. 길다면 길고 짧다면 짧은 이 시간 동안 같은 행동을 반복하면 이후부터는 그 행동이 곧 하나의 습관이 되는 것이다. 연구팀은 그 행동을 하는 것 그 자체로 의미가 있는 것이지 그 행동에 임하는 자세나 태도는 습관 형성에 큰 영향이 없다고 말한다. 그리고 새로운 습관을 만들기 위한 계획에서 한 번 정도 약속을 빼먹었다고 해도 크게 걱정할 필요는 없다고 한다. 한두 번의 약속을 어기는 것은 습관 형성에 그리 큰 영향을 미치지 않기 때문이다. 스스로 한 약속을 한두 번 어겼다고 해서 새로운 습관 만들기 프로젝트 자체를 뒤엎을 필요는 없다는 것이다.

새로운 습관을 만드는 것과 마찬가지로 기존 습관을 깨는 데도 비슷한 시간이 걸리는데, 연구팀은 한 가지 팁을 추가했다. 기존 습관을 바꾸고 싶다면 환경을 바꾸는 것이 도움이 된다는 것이다. 변화된 환경이 트리거(trigger)가 되어 습관을 깨는 데 도움을 준다. 새로운 여행지에서는 기존 생활습관이 몽땅 바뀌어버리는 것과 같은 맥락이다.

누구나 습관을 가지고 있다. 다른 사람들이 부러워하는 습관이 있는가 하면, 이것만은 제발 고쳤으면 하는 습관도 있다. 오늘을 66일의 첫날로 삼아 나쁜 습관을 고치고 좋은 습관을 만드는 일을 시작해보자.

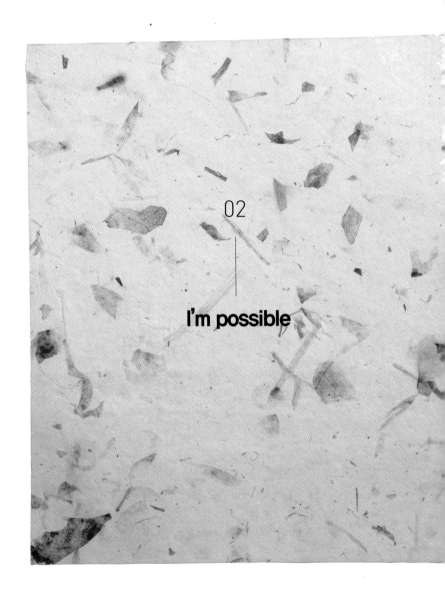

02

I'm possible

기체역학적으로 보면
땅벌은 날 수가 없다.

몸에 비해 날개가 너무 작아
날 수 없는 것이 정상이다.

하지만 이를 모르는 땅벌은
1초 130회 이상 피나는 날갯짓으로
오늘도 부지런히 날아다닌다.

한계는 인식의 차이

Impossible에 점 하나만 더하면
I'm possible이 된다.

참고 • 이용석 (2011), 《우리 아이 창의력 엄마 하기 나름이다》, 푸른길

은퇴를 잊은,
세계 최고령의 현역 모델

http://www.youtube.com/watch?v=Nu8QMC_n808

앞서가는 트렌드

두 눈을 사로잡는 화려함

2012년, 뉴욕 패션위크!

수많은 패션모델 중

유독 주목을 끄는 이가 있었으니…

세계 최고령 모델, 카르멘 델로피체(Carmen DellOrefice)

10대의 어린 모델들 속에서도

고혹적인 모습으로 런웨이를 빛낸

그녀의 나이는 여든하나였다!

1931년 미국 출생

1947년 15세의 나이로 최연소《보그》지 표지모델 발탁

롤렉스, 델보, 샤넬 등의 모델로 종횡무진 활약

이후 66년 만인 2013년《보그》이탈리아판 표지를 다시 장식

60년이 넘는 시간 동안 현역 모델로 활동해올 수 있었던 것은

철저한 자기관리, 규칙적인 운동, 금주, 긍정 마인드를

생활화했기 때문이다.

10대와 20대가 대부분인 모델업계에서

그녀는 '젊음이 곧 경쟁력'이라는 통념을 깨트렸다.

그녀에게 나이는 결코 장애물이 아니다.

전설은 늙지 않는다.

나이는 사람을 더욱 아름답게 하는 향수다.

눈 대신 귀로
색깔을 듣는 화가

열한 살 때 완전색맹 판정을 받은 이가 있다.

그의 눈에 보이는 세상은 온통 흑백 천지…

하지만 그는 포기하지 않고

꿈을 이루기 위해 미대에 입학했다.

남들처럼 색을 표현하고 싶었던 그는

2003년 인공지능학 교수 애덤 몬탠돈(Adam Montandon)을

만나면서 꿈을 이루게 된다.

몬탠돈 교수가 그에게 색 고유의 파장을 주파수로 변환해주는

색상 탐지기계 '아이보그(eyeborg)'를 만들어준 것이다.

그는 수많은 시행착오, 피나는 연습을 통해

각 색의 고유한 주파수를 기억함으로써

보통 사람들보다 훨씬 많은

360가지 색을 구별할 수 있게 되었다.

그가 바로 '색을 볼 순 없지만 색을 들을 수 있는' 화가

닐 하르비손(Neil Harbisson)이다.

그는 '아이보그'의 도움을 받아

여느 화가와 마찬가지로 갖가지 색깔을 사용해 그림을 그린다.

장애란 결코 한계가 아니다.

도전하는 자는 언제나 초월할 수 있다.

TED 강의 장면
http://www.ted.com/talks/neil_harbisson_i_listen_to_color.html

누구도 예상치 못한
무명팀의 승리

2007년 8월 22일

일본 효고(兵庫)현 니시노미야(西宮) 고시엔야구장

일본 고교야구 선수들의 희망이자 꿈인

고시엔 대회 결승전이 벌어지고 있는 순간이다.

매년 전국 4천 개가 넘는 고등학교가 고시엔 대회에 참가하며

평균 80여 개 팀이 소속된 예선전에서 1위를 해야

본선 무대를 밟아볼 기회가 주어진다.

본선 진출 49개팀에 든 것만으로 영광이 되는 어려운 대회이며

우승은 그야말로 신문사의 대서특필 감이다.

이날 결승전의 두 주인공은 너무나 극명한 대조를 보였다.

1장 아직 늦지않다, 최고의 나를 만나는 방법

역대 3회 우승의 최강팀 고료(高陵)와

첫 출전한 오합지졸 사가키타(佐賀北)의 대결!

모두의 예상대로 4 대 1로 고료가 앞선 가운데

8회 말 사가키타의 공격이 시작되려 하고 있었다.

이변이 없는 한 고료의 승리로 마무리될 것이었다.

사실 사가키타 고교의 결승 진출 자체가

누구도 예상치 못한 이변이었다.

사가키타 팀은 단 한 명의 야구 특례생도 없이

열여덟 명 선수 전원이 일반 야구부원이었다.

이들을 이끄는 사령탑 역시 전문감독이 아닌 국어교사였으며

전용구장도 없어서 축구부의 연습이 끝날 때까지 기다려서야

겨우 운동장을 사용할 수 있었다.

어둠이 내려앉아 앞이 잘 보이지 않는 밤에는

주변가게의 불빛에 의지해 연습을 했다.

이러한 열악한 환경에도 불구하고 그들은

불만 없이 오히려 서로를 보듬어가며 최선을 다했다.

이러한 노력이 결실을 얻어, 단 1승을 원했던 팀이
어느덧 결승전까지 오르게 된 것이다.
그리고 마침내 8회 말 기적이 일어났다.

"딱!"

3번 타자, 소에지마 히로시가
짜릿한 역전 만루홈런을 때린 것이다.
이후 끝까지 점수를 잘 지키며 사가키타는
고료를 4 대 5로 누르고 우승을 거머쥐었다.

이 경기는 고시엔 대회 역사상 가장 드라마틱한 명승부로
수많은 사람들의 마음속에 여전히 깊이 각인되어 있다.
그들이 거머쥔 것은 비단 승리가 아니라
희망이라는 이름의 트로피였기 때문이다.

누구나 정상이 될 수 있다.
차이는 도전하느냐, 하지 않느냐에서 시작된다.

1부 · 미처 몰랐던, 최고의 '나'를 만나는 밤법.

세상에는 넘지 못할 장애물이

참 많아 보인다.

나이, 성별, 학벌, 장애,

돈, 출신, 환경, 불황…

하지만 역경은 많을지라도 한계는 없다.

뛰어넘어야 할 역경으로 보느냐

뛰어넘지 못할 한계로 보느냐

우리가 그것을 어떻게 바라볼 것인지

그 인식의 차이가

우리의 내일을 결정짓는다.

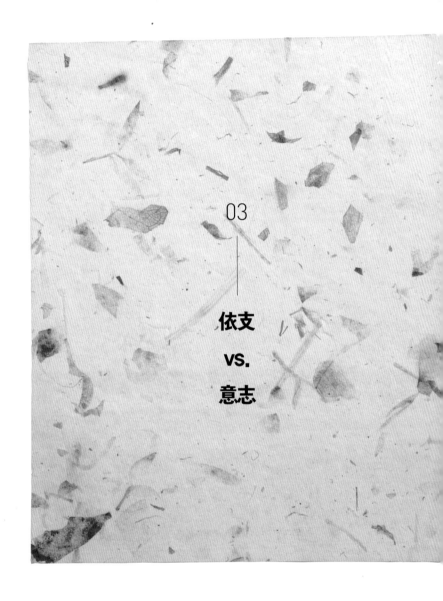

03

依支
vs.
意志

7년의 긴 기다림

이제 허물만 벗으면 완전한 매미가 된다.

매미유충이 탈피를 하는 데 걸리는 시간은

평균 반나절 이상,

공격에 무방비하게 노출되는 위험한 시간이다.

그렇다고

대신 허물을 벗겨서

쉽게 나올 수 있도록 도와준다면?

매미유충은 그대로 사망

매미유충은 탈피 과정을 겪으며

살아갈 수 있는 강한 힘을 얻는다.

이것이
의지(依支)와 의지(意志)의 차이!

의지(意志),
인생을 바꾸다

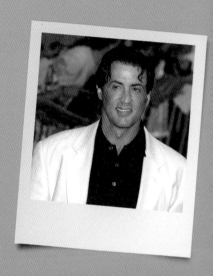

나이 29세,

직업 백수,

아내가 벌어오는 돈에

의지하며 살아가는 동네건달.

하지만 1년 후 그는

미 영화계 최고 스타로

할리우드에 입성한다.

주인공은 바로 실베스터 스탤론(Sylvester Stallone).

그의 인생을 바꿔놓은 것은 무엇이었을까?

1975년 스탤론은 우연히 한 권투경기를 보게 된다.

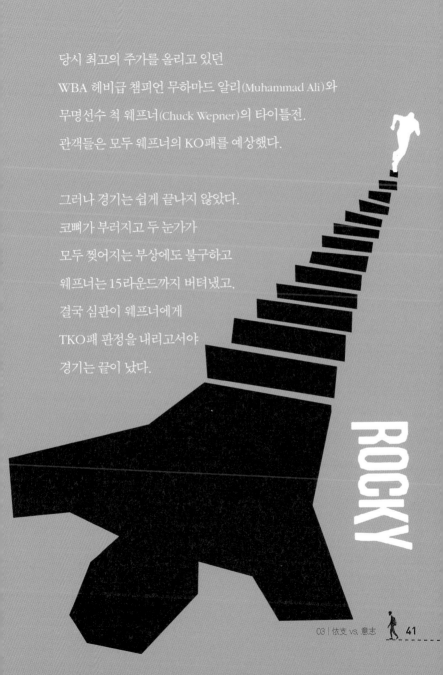

당시 최고의 주가를 올리고 있던
WBA 헤비급 챔피언 무하마드 알리(Muhammad Ali)와
무명선수 척 웨프너(Chuck Wepner)의 타이틀전.
관객들은 모두 웨프너의 KO패를 예상했다.

그러나 경기는 쉽게 끝나지 않았다.
코뼈가 부러지고 두 눈가가
모두 찢어지는 부상에도 불구하고
웨프너는 15라운드까지 버텨냈고,
결국 심판이 웨프너에게
TKO패 판정을 내리고서야
경기는 끝이 났다.

ROCKY

비록 웨프너는 패했지만 이날 스텔론이 본 것은

KO만은 절대 당하지 않겠다는

웨프너의 강한 意志였다.

한심하게 살아온 자신을 돌아보며

스텔론은 3일 만에 시나리오를 완성했고,

그렇게 탄생한 영화 〈록키〉는

1976년 미 할리우드 최고 흥행을 기록,

1977년 제49회 아카데미시상식에서

작품상, 감독상, 편집상을 수상하며

스텔론을 할리우드 최고 스타의 반열에 올려놓았다.

依支가 意志가 되는 순간

우리의 삶은 달라진다.

의지(意志),
기적을 만들다

생후 13개월에 원인 모를 병으로 시력 상실.

그러나 자전거 타기, 등산, 요리 등

생활의 대부분을 혼자서 척척 해내는 이가 있다.

주인공은 바로 다니엘 키시(Daniel Kish)

일명 배트맨, 박쥐인간이다.

어떻게 그런 일이 가능할까?

비결은 그가 직접 고안한 '인간반향위치측정법'에 있다.

그는 초음파를 발산해 되돌아오는 반사파로

주변을 인식하는 박쥐의 습성에 착안했다.

혀를 차서 소리를 낸 후 그 소리가 사물에 부딪혀
되돌아오는 반향을 감지해 사물을 인식하는 이 방법은
지형지물의 위치는 물론 사물의 모양까지 파악이 가능하다.

"소리로 세상을 보는 것은 저에겐
희미한 빛을 보는 것과 같아요.
그 희미한 빛만으로도
한 사람의 일생을 바꾸는 데 충분합니다."

그의 다음 목표는 시각장애로 고통 받는 많은 이들이
혼자 힘으로 살아갈 수 있도록 도와주는 것이다.
이를 위해 키시는 2000년에
비영리단체 'World Access For The Blind'를 설립해
시각장애아동 500여 명에게 반향위치측정법을 교육하고 있다.

意志만 있다면 불가능한 것은 없다.

참고 • "소리로 본다-맹인 키시가 사는 법"(2011. 11. 13.),《조선일보》

의지(意志),
세상을 바꾸다

해마다 3월이면 매서운 모래바람이 부는 곳이 있다.

오죽하면 '악마가 지나간다'고 하겠는가.

방금 지나온 곳도 모래바람이 쓸고 가

집을 코앞에 두고도 미아가 되고 마는 죽음의 땅,

황사의 진원지,

중국 네이멍구 마오우쑤(毛烏素) 사막.

그곳에 기적처럼 펼쳐진 숲이 있다.

아버지의 손에 이끌려

사막 오지의 가난뱅이 청년에게 시집을 가게 된

스무 살 아가씨, 인위쩐(殷玉珍)

그녀가 도착한 신혼집은 사막 한가운데의 작은 토굴이었다.

"이런 곳에서 내 아이들을 키울 순 없어, 그래 숲을 만들자!"

인위쩐은 남편과 함께 남의 일을 해주고
품삯 대신 묘목을 받아 사막에 심기 시작했다.
100그루를 심으면 살아남는 건 절반뿐.

그러나 20년이 지난 후, 사막은 숲이 되었다.
800만 평의 광대한 대지에 풀과 나무가 자라고
낙엽이 떨어진 사막에는 흙이 생겨났다.

"모래가 세다고? 바람이 강하다고?
아니야, 봐. 바람은 이렇게 멈추는 날이 있잖아.
하지만 난 멈추지 않아. 절대로 멈추지 않아!"

나의 삶은 물론 더 나아가 세상을 바꾸는 힘,
그것이 바로 意志다.

참고 • 이미애 (2006), 《사막에 숲이 있다》, 서해문집

눈앞의 산이 너무 높게 느껴진다면

그래서 이대로 포기하고 싶다면

그것은 어쩌면 마음속에

나를 바로 세우려는 意志보다

남에게 기대려는 依支가 더 크기 때문이 아닐까?

의지(依支) vs. 의지(意志)

당신은 어느 쪽을 택할 것인가?

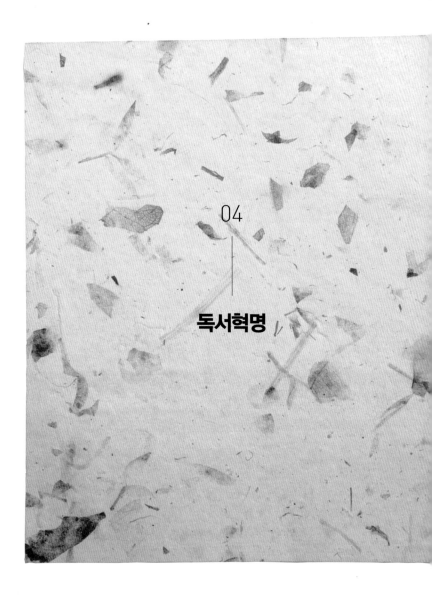

04

독서혁명

세상을 변화시킨 리더들

그들의 성공비결에는

한 가지 공통된 법칙이 있다.

'*Leader = Reader*'
라는 법칙이다.

독서, 인생혁명을 이끌다

1983년 B형 간염으로 입원,
3년간의 투병생활 동안 약 4천 권의 책을 독파한
소프트뱅크 회장 손정의.

"하버드 졸업장보다 독서하는 습관이 더 소중하다"라고 말하는
마이크로소프트 전 회장 빌 게이츠.

남들보다 먼저 《월스트리트저널》을 보기 위해
지역배급소와 별도의 계약을 체결한
오마하의 현인 워렌 버핏.

:

지금도 수많은 경영자들은 독서를 통해
인생을, 경영을 바꿔 나가고 있다.
그러나 무엇보다 독서가 매력적인 것은
밑바닥 인생을 끌어올리는 '도르레' 역할을 한다는 것이다.

2010년 《타임》지가 선정한 '20세기 가장 영향력 있는
여성 25명'에 선정된 오프라 윈프리.
어린 시절 학대와 강간, 왕따를 당했던 그녀에게
독서는 유일한 탈출구였다.

〈오프라 윈프리쇼〉의 대표적인 코너 '북클럽'은
바로 그러한 경험에서 비롯된 것이었다.
그동안 그녀가 추천한 책 대부분은
80여만 부 이상 판매되는 놀라운 기록을 세웠다.
독서의 힘으로 밑바닥 인생을 딛고 올라온 그녀가
결국 출판업계의 거장이 된 것이다.

독서,
두뇌혁명을 가져오다

1900년대 초 시카고대학은

모두가 가기 싫어하는 삼류대학에 지나지 않았다.

1929년 갓 부임한 로버트 허친스(Robert M. Hutchins) 총장은

시카고대학을 조금이라도 바꿔보고자

어이없는 학칙을 발표한다.

"최소 100권 이상의 인문고전을 읽어야 졸업시키겠다!"

이른바 '시카고플랜'이라 불리는 독서 프로그램의 시작이다.

수많은 학생들의 반발과 불평 속에서 추진된 시카고플랜은

이후 시카고대학에 엄청난 결과를 가져왔다.

시카고플랜이 시작된 1929년부터 2011년까지

이 대학 출신 노벨상 수상자만 무려 87명.

지난 2012년 시카고대학은 U.S. News & World Report가
발표하는 미국 대학평가에서 5위를 기록했다.
아무도 다니고 싶어하지 않던 삼류대학이 80여 년 만에
세계적으로 손꼽히는 명문대학으로 우뚝 선 것이다.

독서가 두뇌 발달에 깊은 영향을 미친다는 것은
그동안 수많은 연구를 통해 입증된 바 있다.
일본 도호쿠대학의 가와시마 류타(川島隆太) 교수를 비롯해
대다수 뇌 과학자들은 "책을 많이 읽으면 상상력을 키우는
우수한 전두전야(前頭前野)가 많이 만들어진다"라고 말한다.
'전두전야'란 대뇌의 맨 앞부분으로
인간의 창조성을 주관하는 곳으로 알려져 있다.
이 전두전야가 발달할수록 더욱 창의적일 수 있는데,
독서가 이 전두전야 발달에 도움이 된다는 이야기다.
예컨대, 같은 내용의 〈해리 포터〉를 본다고 할지라도
영화가 아닌 책으로 볼 때 뒤쪽 뇌뿐만 아니라
앞쪽 뇌까지 골고루 사용하게 되는 것이다.

참고 • 나덕렬 (2008), 《앞쪽형 인간》, 허원미디어
• 짐 트렐리즈 (2007), 《아이의 두뇌를 깨우는 하루 15분, 책 읽어주기의 힘》, 눈사람 역, 북라인

독서,
마음혁명을 일으키다

1972년, 프랑스 부르타뉴 지방의 TV송신탑이 파괴되면서

일대 100만 가구의 TV가 나오지 않는 사건이 발생했다.

복구 기간 동안 사람들이 TV를 보지 못하게 되자

책 읽는 시간이 늘어났고 책 판매량은 증가했다.

그런데 여기서 재미있는 사실은

우울증 환자가 감소하고 행복도가 높아졌다는 것이다.

실제로 미국 메릴랜드대학 사회학과

존 로빈스와 스티븐 마틴 연구팀이

30년간 성인 약 3만 명의 데이터를 분석한 결과,

'TV를 많이 보는 사람은 자신이 불행하다고 생각하는 반면

책을 많이 읽는 사람은 더 큰 행복감을 느낀다'고 발표했다.

독서와 스트레스에 관한 흥미로운 연구결과도 있다.

영국 서섹스대학 인지신경심리학과 데이비드 루이스 박사팀은

스트레스 해소방법에 따른 감소효과를 측정하여 발표했는데,

음악을 감상할 때는 61%,

커피를 마실 때는 54%,

산책할 때는 약 42%

스트레스가 감소되는 것으로 나타났다.

그렇다면 독서는 어땠을까?

놀랍게도 단 6분 동안 책을 읽는 것만으로도

스트레스는 무려 68%까지 감소되었다.

게다가 독서가 시작되면

심장박동 수 감소, 근육긴장 이완 효과까지 나타나

'독서'야말로 스트레스 해소에

가장 효과적이라는 사실이 증명됐다.

참고 • 이지성 (2010), 《리딩으로 리드하라》, 문학동네
  • "우울증 비만도 예방… 책이 몸에 좋은 7가지 이유" (2011. 4. 22.), 코메디닷컴.
  • "스트레스 해소에는 독서가 최고" (2009. 4. 1.), 코메디닷컴

처칠,

에디슨,

아인슈타인…

이들은 두 가지 공통점을 가지고 있다.

첫 번째는

아무도 못 말리는 '학습부진아'라는 것,

두 번째는

아무도 못 말리는 '독서광'이었다는 것이다.

이들이야말로 '독서혁명'으로

인생을, 그리고 세상을 바꾼 대표주자일 것이다.

물론,

한 권의 책을 읽는다고,

독서혁명은 쉽게 이루어지지 않는다.

그러나

한 권의 책이

당신의 세상을 넓힐 수 있다.

생각의 크기가 곧 세상의 크기이니만큼.

가로 20m 세로 8m의 청량제, 광화문 글판

또로
또로
또로

책 속에 귀뚜라미 들었다
나는 눈을 감고
귀뚜라미 소리만 듣는다

2013년 가을
http://blog.naver.com/kyobogulpan

2007년 환경재단은 '세상을 밝게 만든 100人'에 사람이 아닌 무생물체를 선정했다. 내로라하는 사람들 사이에 당당히 이름을 올린 그것은 다름 아닌 '광화문 글판'이었다.

1991년부터 20여 년 동안 일상에 지친 사람들의 가슴을 적셔준 이 글판은 한 남자의 제안으로 시작됐다. 이력서의 학력(學歷)란에 언제나 '學力'이라고 적었던 그 남자의 실제 학력은 全無하다. 1920년대 가난한 가정형편으로 초등학교도 다니지 못했지만 3년에 걸친 '천일독서'를 실천, 방대한 독서력을 바탕으로 대한민국의 거목이 된 주인공. 그가 바로 교보생명 창립자 고(故) 신용호 회장이다.

신용호 회장의 인생은 그야말로 독서혁명이 일으킨 기적이었다. 누구보다 독서의 힘을 잘 알았던 그는 책이야말로 대한민국 발전을 위한 가장 필요한 미래자본이라고 생각했다. 그러한 신념에 따라, 그는 더 많은 사람들이 더 많은 책을 보게 하기 위해 엄청난 모험을 감행한다. 1980년대 모두의 만류에도 불구하고 종로 1가 1번지 금싸라기 땅에 서점을 설립한 것이다.

"이 사통팔달, 한국 제일의 목에 방황하는 청소년을 위한 멍석을 깔아줍시다. 와서 사람과 만나고, 책과 만나고, 지혜와 만나고, 희망과 만나게 합시다.

이곳에 와서 책을 서서 보려면 서서 보고, 기대서 보려면 기대서 보고, 앉아서 보려면 앉아서 보고, 베껴 가려면 베껴 가고, 반나절 보고 가려면 반나절 보고, 하루종일 보고 싶으면 하루종일 보고, 그리고 다시 제자리에 꽂아놓고 사지 않아도 되고, 사고 싶으면 사 들고 가도 좋습니다."

– 이규태 (2004),《대산(大山) 신용호》, 교보문고

그렇게 탄생한 서점이 '교보문고'이다. 그가 세운 서점은 어느덧 대한민국을 대표하는 서점 중 하나로 자리매김했지만, 책을 향한 그의 열망은 결코 식지 않았다. 책을 읽지 않는 이들을 위해 1991년 광화문 교보생명 건물에 '글판'을 올리기 시작한 것이다. 이렇게 해서 탄생한 광화문 글판은 지금까지 20여 년 동안 이곳을 지나가는 이들에게 삶의 희망과 위로를 전해주는 도심의 청량제가 되고 있다.

참고 • "[2005 재계 인맥 · 혼맥 대탐구] 교보생명–故신용호 창립자家" (2005. 12. 5.),《서울신문》

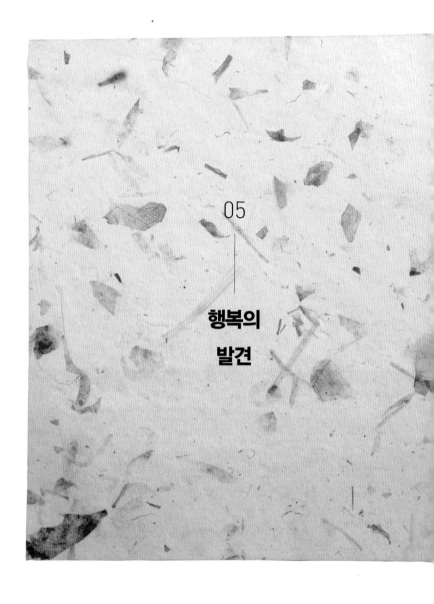

05

행복의
발견

영국의 심리학자 리처드 와이즈먼(Richard Wiseman) 교수는

한 가지 실험을 했다.

스스로 행복하다고 생각하는 사람과

불행하다고 생각하는 사람을 나눈 후,

간단한 퀴즈를 제시한 것이다.

"신문에 실린 사진의 수를 세어보세요.

빠른 시간 안에 정답을 맞히면 상품을 드립니다."

결과는 어땠을까?

행복하다는 사람들은 단 2초,

불행하다는 사람들은 평균 2분이 걸렸다.

비밀은 신문 한 귀퉁이 크게 적힌 메시지에 있었다.

"더 이상 사진을 세지 마시오.
신문에는 43장의 사진이 있습니다."

행복하다는 사람들은
넓은 시야로 메시지를 발견, 그 내용을 믿었고
불행하다는 사람들은
사진 찾기에 매몰된 나머지, 메시지를 발견하지 못하거나
발견하고도 믿지 않았다.

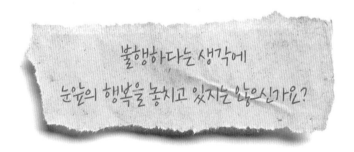

불행하다는 생각에
눈앞의 행복을 놓치고 있지는 않으신가요?

그들이
행복한 이유

행복에 대한 일반적인 생각,

'돈이 많을수록 행복하다!'

과연 그런가?

남태평양에 위치한, 인구 19만여 명의 섬나라 바누아투.

전체 국민의 93%가 무직,

1인당 GDP 2,897달러의 가난한 나라.

그러나 2006년 영국 신경제재단(NEF)에서 실시한

국가별 행복지수(HPI) 조사에서 178개국 중 1위를 차지,

세계에서 가장 행복한 나라!

돈에 대한 바누아투 사람들의 생각은 좀 다르다.

19세기 서구문명을 받아들인 바누아투,

주민들은 물질적 풍요로움과 편리함을 누리며 살게 됐다.

그러나 가진 것이 늘어날수록 함께 늘어나는 욕심과 불신.

전통은 사라져갔고 바누아투는

평화의 섬에서 돈이 지배하는 땅으로 변해갔다.

이때 주민들이 내린 결단, '원시생활로 돌아가자!'

"우리는 다시 전통의 삶으로 돌아왔습니다.

이것이 우리가 가야 할 최선의 길이기 때문입니다."

- 롱렐 톰 아이말길 추장

부족함이 많은 생활이지만 더 행복하다고 말하는 사람들.

가지고 있는 것에 만족하고

가지지 못한 것을 바라지 않으며

나보다 못한 사람을 위해 나눌 수 있는 삶,

거지도 배고픔도 빈부격차도 바누아투에는 없다.

물질적인 풍요가 아닌 마음의 풍요,

그 안에 행복이 있습니다.

참고 • '바누아투 '행복지수 1위 소박한 비결은'' (2009. 5. 20.), 《동아일보》

세상에서 가장
불행한 사나이

무능한 아버지와
지독한 가난…

네 살 되던 해 남동생이,
아홉 살에는 어머니가,
열아홉 살에는 누나마저 사망.

사랑하는 연인을 장티푸스로 잃었고
결혼해 네 아들을 얻었지만
그 중 두 아들 역시 먼저 저세상으로 보내야 했다.

전쟁은 그의 친구들을 앗아갔고

정치에 나섰으나 연이은 낙선,

그의 인생은 절망과 실패의 연속이었다.

세상에서 가장 불행한 사나이,

미국 제16대 대통령 에이브러햄 링컨!

사랑하는 이의 죽음을 보며

생명의 소중함과 인간의 존엄성을 배웠고,

실패의 경험은 성공을 위한 값진 교훈이 되었다.

링컨은 말한다.

"사람이 얼마나 행복하게 될 것인지는

자기의 결심에 달려 있다."

고통과 절망의 순간

포기하지 않고 일어설 수 있는 의지만 있다면

그 속에도 행복은 있습니다.

7초만
기억하는 남자

클리브 웨어링(Clive Wearing),

그는 영국의 촉망받는 음악가이자 프로듀서였다.

하지만 불행은 갑자기 찾아왔다.

1985년 헤르페스 바이러스 뇌염으로

기억에 관여하는 핵심부위인 해마가 심하게 손상된 것이다.

과거의 기억은 잊혔고

이후 그는 단 7초밖에 기억하지 못하는

심각한 기억장애를 갖게 된다.

"몇 년간 계속되는 어느 날 밤을 상상할 수 있습니까?

그건 마치 죽은 것과 같아요."

그런 그가 알아보는 단 한 사람, 바로 아내이다.

조금 전 아내와 이야기를 나눈 것도,

함께 있었다는 것도 기억하지 못하지만,

바로 그러하기에 아내를 보는 매순간이 그에게는

감격적인 재회의 순간이다.

아내는 그런 남편의 분신이 되어 25년이 넘는 긴 시간 동안

그의 곁을 지켜오고 있다.

모든 것이 사라진 후에도

늘 당신의 곁을 지켜주는 가족,

그 안에 행복이 있습니다.

참고 • Jane Treays (2005), "The Man with the 7second Memory", 영국 iTV 다큐멘터리
  • Deborah Wearing (2005), *Forever Today*, Doubleday

당신을 행복하게 하는 것은 무엇인가요?

가진 것에 만족하며 주변을 돌아볼 수 있는

마음의 풍요.

불행을 딛고 일어서는

강한 의지와 희망.

늘 곁에서 함께하는 가족.

행복은 가까이에 있습니다.

자, 이제 찾아보세요!

당신의 행복을…

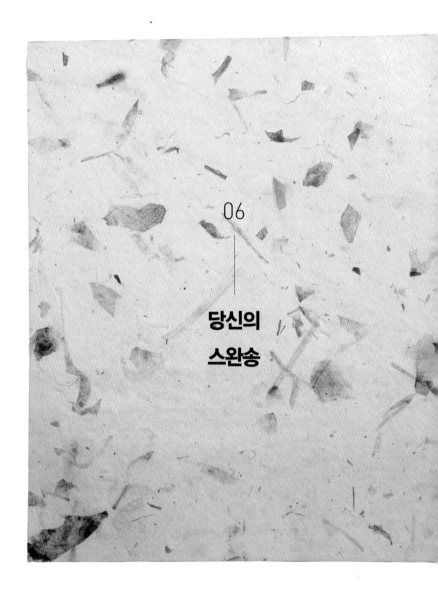

06

당신의
스완송

'스완송(swansong)'

백조가 죽기 전

마지막 힘을 다해 부른다는 아름다운 노래.

사람들에게도 스완송을 부를 기회가 찾아온다.

그러나

선택은 각자의 몫이다.

천재 예술가,
인생을 걸다

1508년 교황 율리우스 2세는

당시 최고의 조각가로

이름을 날리던 미켈란젤로를 불렀다.

"시스티나성당 천장화를 그려주시오!"

미켈란젤로 입장에선 말도 안 되는 제안이었다.

첫째, 이제껏 회화작품을 해본 적이 없었다.

둘째, 조각가로서 절정기를 맞고 있었다.

셋째, 늘 그를 시기해온 인물인 브라만테가 추천한 일이었다.

그러나 4년 6개월 후,

축구장 반 정도 크기의 돔에는

〈천지창조〉를 비롯해 구약성서의 창세기 장면을 바탕으로

아홉 가지 주제 1만 2천여 점이 완성되어 있었다.

그림의 크기와 작업시간을 계산해봤을 때

혼자서 날마다 17시간을 꼬박 그려야 하는 놀라운 작업량!

그 사이 미켈란젤로의 척추는 휘어버렸고

오른팔은 뒤로 돌아갔으며

떨어진 물감에 맞은 피부는 짓물렀고

눈동자는 위로 돌아가

일상생활을 할 때 눈의 초점이 맞지 않게 되었다.

한마디로 미켈란젤로의 〈천지창조〉는

조각가로서의 생명과 맞바꾼 작업이었던 셈이다.

당시 33세, 이제 막 전성기가 시작된 조각가의 선택.

그는 왜 이런 선택을 했던 것일까?

거장의 눈물 그리고 반전

2008년, 사람들의 환호 속에

발렌티노 가라바니(Valentino Garabani)가 은퇴했다.

당시 76세, 45년간 정상을 지킨 노장의 명예로운 퇴장이었다.

그러나 불과 몇 년 전인 2002년,

그는 기자회견장에서 통한의 눈물을 흘린 바 있었다.

발렌티노 파산, 부채 1억 8천만 달러.

빠르게 변하는 트렌드

명품하우스들이 앞 다퉈 새로운 스타일을 선보일 때

발렌티노만의 '클래식한 아름다움'을 고수한 대가였을까?

"발렌티노가 무너지면 오트쿠튀르도 무너진다."

그렇다면 발렌티노의 선택은?
바로 '명예회복!'

물론 다시 런웨이를 준비하는 데에는 대가가 따랐다.
부채를 탕감하기 위해 경영권을 내주었고,
'투자비용 회수와 정상화'를 주장하는
젊은 CEO 마테오 마르조토 밑에서 운신의 폭은 좁아졌다.

© 연합뉴스

"어떤 사장도 나한테 이런 걸 만들어라 마라 할 수는 없다!"
발렌티노는 큰소리쳤지만
실패할 경우 바로 퇴출될 수도 있는 상황이었다.

발렌티노는 50년 가까이 함께한
사업 파트너 지앙카를로 지아메티,
수십 년을 동고동락한 재단사와 재봉사들과 의기투합해
혼신을 다해 컬렉션을 완성했다.

최악의 상황에서도 자신의 스타일을 지킨 발렌티노의 무대는
다시금 뜨거운 찬사를 받았고
그는 2006년 프랑스 최고훈장 '레지옹 도뇌르'를 헌정받으며
명예회복에 성공한다.

2008년 그의 마지막 패션쇼의 제목은
'스완송'이었다.

인류 도약을 위한
마지막 다이빙

2012년 10월 14일

지구촌을 들썩이게 한 소식이 전해졌다.

"인류 최초, 맨몸으로 음속을 돌파하다!"

그 주인공은 43세의 오스트리아 스카이다이버,

펠릭스 바움가르트너(Felix Baumgartner).

그는 52층 높이의 헬륨풍선기구에 캡슐을 달고

38.6km 높이의 성층권에 진입한 후

우주복을 입은 채 자유낙하를 시도했다.

우주복에 미세한 구멍만 있어도 목숨을 잃을 수 있는

극도의 위험한 상황에서 음속(340m/s)을 돌파하는

최고도의 스카이다이빙!

그것은 인류가 상상만 하던 일을

혼자 힘으로 성공시킨 대기록이자 기적이었다.

그리고 이 최초의 기록은

인류에게 새로운 기회를 열어주었다.

바로 기존에는 시도하지 못했던 우주선에서의 비상탈출,

즉 우주복을 입고 지상으로 귀환하는 방법을

타진할 수 있게 된 것이다.

앞으로 수많은 우주비행사들이

그의 도전 덕에 목숨을 구하게 될 것이다.

"이제 헬기구조 활동에 전념하겠다."

이 도전을 끝으로 바움가르트너는 새로운 인생을 시작했다.

한 인간의 목숨을 건 마지막 다이빙,

그것은 인류에게 한 단계 도약이자

새로운 도전에 길을 터준 위대한 스완송이었다.

http://www.youtube.com/watch?v=FHtvDA0W34I

인생이란 여정을 가다보면

어떤 이는 절정의 순간에

어떤 이는 마무리의 시기에

또 어떤 이는 새로운 시작에서

스완송을 선택한다.

언제 우리에게 스완송이 닥칠지 모른다.

하지만 미켈란젤로의 벽화가

한 조각가에게 사형선고가 아니라

수천 년의 시간을 뛰어넘어 인류의 유산이 되었듯

자신이 가진 모든 것을 걸거나

자신을 믿고 최악의 상황을 견디거나

목숨까지도 걸 수 있는 사람에게

스완송은

마지막이 아닌

새로운 시작의 노래이다!

당신의 스완송은

어떤 노래일까?

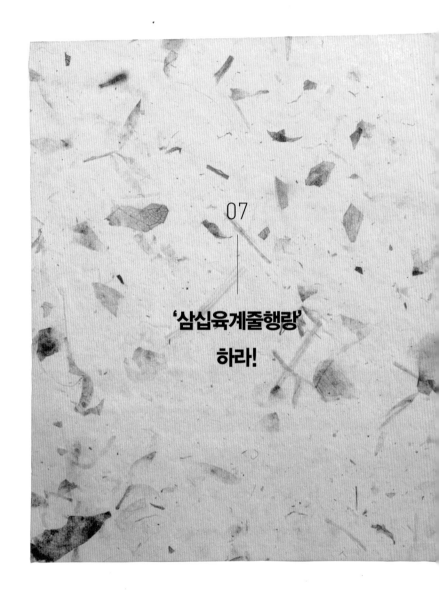

07

'삼십육계줄행랑'

하라!

중국에서 예전부터 내려오는 병서들의 정수만을 모은

《삼십육계(三十六計)》

그중 마지막 36번째로 소개된 전술,

'주위상(走爲上)'

도망치는 것이 상책이다.

가히 세계 최고라 불려도 손색없는 병법서가

'삼십육계줄행랑'을 권하는 이유는

무엇일까?

참고 • 도설천하 국학서원계열 편집위원회 (2010), 《도설천하 삼십육계》, 시그마북스

한신이
'사타구니 무사'가 된 사연

《초한지(楚漢志)》에 등장하는 최고의 병법가이자 전략가,

유방의 패권을 결정지은 세계 군사사상 최고의 명장, 한신(韓信).

어울리지 않게도 그의 별명은 '사타구니 무사'였다.

한신은 어쩌다가 '사타구니 무사'가 되었을까?

의지할 데 없는 가난한 고아였던 한신.

한 끼 한 끼 빌어먹으며 궁핍하게 살아가던 어느 날,

마을의 건달 한 명이 시비를 걸어왔다.

"이 겁쟁이야! 용기가 있으면 나를 찔러봐.

그럴 용기가 없으면 내 가랑이 사이로 기어들어가라."

모두가 주먹이라도 한 대 날리리라 예상했지만

한신은 생긋 웃어 보이며

성큼성큼 건달의 가랑이 사이를 기어서 나왔다.

이날 이후 사람들은 그를 '사타구니 무사'라고 불렀다.

세월이 흘러 유방을 보필하는 최고 장군이 되어

고향 땅에 돌아온 한신.

소싯적 모욕을 주었던 건달과 재회하게 된 그는

이렇게 말했다.

"그때 너를 죽였다면

나는 살인자가 되어 도망 다녀야 했을 테고,

그랬다면 이루고자 했던 꿈을 이룰 수 없었겠지.

그런 연유로 눈물을 머금고 참았던 것이다."

수치를 안고 치욕을 견뎌 후일을 도모한 한신.

한신이 저잣거리에서 건달을 죽였다면?

우리는 아마 한신이 아닌 다른 누군가를

'세계 군사사상 최고의 명장'으로 기억하게 되었을 것이다.

참고 · 김영식 (2008), 《10미터만 더 뛰어봐!》, 중앙북스

항우에게
부족했던 단 한 가지

《초한지》에 등장하는 또 한 명의 영웅, 항우(項羽).

담력과 지력,

출중한 무예와 귀족 신분,

최고의 명마 '오추마'와 최고의 미녀 '우희'까지

모든 것을 가졌던 그에게

단 한 가지 부족한 것이 있었다.

무엇이었을까?

천하통일을 눈앞에 두고 유방에게 잇달아 패배한 항우는

궤멸 직전 간신히 탈출에 성공해 오강에 도착했다.

"강 건너 강동은 크기는 작으나
사방으로 천 리가 뚫려 있고 백성도 수십만이니
그곳의 왕이 되어 후일을 도모하십시오."

후일을 기약하라는 부하의 간청,
하지만 항우는 쓸쓸히 웃으며 이렇게 말했다.
"강동의 자제 8천 명을 데려가 나 혼자 살아 돌아왔는데
무슨 면목으로 그들을 보겠는가?"

결국 항우는 부하들을 남겨둔 채 목을 베어 자결했다.
도망쳐야 할 때 도망치지 않고 죽음을 택한 것이다.
그때 그의 나이는 고작 서른하나였다.

단 한 번의 패배,
단 한 번의 굴욕을 용납할 수 없었던 항우.
항우에게 부족했던 한 가지는
자존심을 굽혀 치욕을 견디는 힘이었다.

참고 • "[문용린 교수의 죽비소리] 자만심'을 자신감으로 착각 말라" (2010. 7. 5.), 《소년한국일보》

노름꾼으로 위장한
독립투사

일제식민지 시절,

당대의 파락호(破落戶)로 이름을 날린 김용환(金龍煥).

학봉(鶴峰) 김성일(金誠一) 종가 13대 종손이었던 그는

1년 365일 노름판을 전전하며

대대로 내려오던 전답 18만 평을 모두 탕진하고도

정신을 차리지 못했다.

하나뿐인 딸이 시댁에서 받은 장롱 값마저

노름 밑천으로 빼앗아가

기어이 시집가는 딸을 눈물짓게 하기도 했다.

비정한 아비, 망나니, 무뢰배…

세상은 김용환을 이렇게 불렀다.

그리고 1946년,

세상의 멸시를 받던 그가 세상을 떠난 뒤

놀라운 반전이 드러났다!

'패가망신 난봉꾼'인 줄만 알았던 그가 사실은

'노름꾼으로 위장한 독립투사'였음이 밝혀진 것이다.

탕진한 종가재산은 모두 만주에 보내진 독립자금이었다.

독립투사라 하여 딸에게 '다정한 아비'이고픈 마음이

왜 없었을까?

하지만 그는 하나뿐인 딸의 눈에서 눈물을 뽑으면서도

세상의 경멸을, 치욕을 견뎠다.

이유는 단 하나,

그에게는 '꿈'이 있었기 때문이다.

조국의 독립, 그에게는 '조국의 독립'이 곧 '자존심'이었다.

참고 • 조용헌 (2002), 《5백년 내력의 명문가 이야기》, 푸른역사

'진정한 자존심'은 무엇일까?

더 큰 꿈을 위해

작은 치욕을 감내하는 것이야말로

진정한 자존심이 아닐까?

더 큰 꿈을 위해

자존심을 버리고 후일을 도모한 한신.

반대로 작은 치욕 앞에

더 큰 꿈을 저버린 항우.

독립을 위해 자신의 명예 따위는

헌신짝처럼 버린 김용환.

'이기는 자존심'과 '지는 자존심'

당신의 자존심은 어느 쪽인가?

아버지,
김용환에게 바치는 딸의 편지

평생 아버지를 원망하며 살았다는 외동딸 김후웅 여사.
광복 50주년을 맞이한 1995년,
아버지 김용환에게 건국훈장 애족장이 추서되던 날
그녀는 '우리 아배 참봉 나으리'라는 편지를 남겼다.

"…그럭저럭 나이 차서 십육 세에
청송 마평서씨문에 혼인은 하였으나
신행 날 받았어도 갈 수 없는 딱한 사정.

신행 때 농 사오라 시댁에서 맡긴 돈,
그 돈마저 가져가서 어디에다 쓰셨는지?

우리 아배 기다리며 신행 날 늦추다가
큰 어매 쓰던 헌 농 신행 발에 싣고 가니

주위에서 쑥덕쑥덕.

그로부터 시집살이 주눅 들어 안절부절,

끝내는 귀신 붙어 왔다 하여

강변 모래밭에 꺼내다가 부수어 불태우니

오동나무 삼층장이 불길은 왜 그리도 높던지,

새색시 오만간장 그 광경 어떠할꼬.

이 모든 것 우리 아배 원망하며

별난 시집 사느라고 오만간장 녹였더니

오늘에야 알고 보니 이 모든 것 저 모든 것

독립군 자금 위해 그 많던 천석 재산 다 바쳐도 모자라서

하나뿐인 외동딸 시댁에서 보낸 농값,

그것마저 바쳤구나.

그러면 그렇지 우리 아배 참봉 나으리.

내 생각한 대로 절대 남들이 말하는 파락호 아닐진대.

우리 아배 참봉 나으리… "

참고 • "(종가를 찾아서 ③ 학봉종가) '애국 도박'으로 재산 날리고 '유교 경영'으로 IT 일으키니…"
  (2012. 2. 27), 《CNB저널》

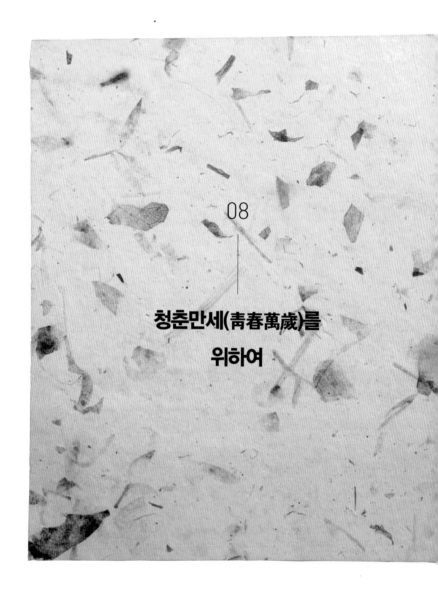

08

청춘만세(靑春萬歲)를
위하여

프랑스에는 '삶은 개구리 요리'가 있다.

미지근한 물에 넣고 서서히 가열하는 것이 포인트!

"왜 처음부터 끓는 물에 넣지 않죠?"

"너무 뜨거우면 개구리가 냄비를 박차고 나오거든요.

조금씩 가열해야 지금 온도가 딱 좋네~ 하며

삶아지는 것도 모른 채 서서히 죽어갑니다."

지금 당신이 뛰어오르지 못하는 이유는 무엇인가?

혹시, 나이 탓을
하고 있는 건 아닌가?

참고 • 데일 카네기 (2004), 《카네기 명언집》, 씨앗을 뿌리는 사람

37세에 이룬
월드컵 첫 출전

아르헨티나 축구선수 마르틴 팔레르모(Martin Palermo)는
굴욕의 기네스 기록을 가지고 있다.
1999년 7월 4일 남미축구 선수권대회 도중
콜롬비아를 상대로 한 경기에서
세 번의 페널티킥을 모두 실패한 것이다.
축구를 열광적으로 사랑하는 아르헨티나 국민들은
그를 철저히 외면했고, 이후 팔레르모는
대표팀 유니폼을 벗어야 했다.

무려 10년의 세월이 흐른 2009년, 그에게 기회가 찾아왔다.
'2010 남아공월드컵 남미지역 최종예선전'에 출전하게 된 것!

상대는 페루. 아르헨티나는 이 경기를
반드시 이겨야만 자력으로 본선에 진출할 수 있었다.
폭우가 쏟아지는 가운데
경기종료 3분 전 치명적인 동점골을 내준 아르헨티나는
추가 시간 93분이 되도록 지옥 같은 시간을 보냈다.
이때 팔레르모가 찬 공이 극적으로 골대 안으로 들어갔고
비를 맞으며 경기를 지켜본 수천 명의 관중들과 선수들은
팔레르모를 외치며 열광했다.

'국민역적'에서 '국민영웅'으로 등극하는 데 걸린 시간, 10년.
팔레르모는 10년 동안 묵묵히 축구인생을 지속해온 덕에
37세 나이에 '생애 첫 월드컵 출전'이라는 선물을 받게 되었다.

"모두가 나이 때문에 불가능하다고 했습니다.
그러나 나는 희망을 버리지 않았고
그래서 지금 여기에 있습니다."

참고

30여 년간 간직한
꿈을 이루다

한국의 대표 성악가 김영미,

루치아노 파바로티는 그녀를

'동양의 마리아 칼라스'라고 칭송한 바 있다.

풍부한 성량과 섬세한 감정표현으로

모두가 인정하는 소프라노로 자리잡은 그녀에게는

30여 년간 간직한 꿈이 있었다.

"성악 인생이 끝나기 전에

꼭 한 번 해보고 싶은 오페라가 있어요.

두렵지만 정말 끌리는 오페라예요."

그것은 바로 벨리니의 오페라 〈노르마(Norma)〉.

〈노르마〉는 고음과 저음을 넘나드는 벨칸토 창법을

완벽히 구사해야만 공연할 수 있기에

굴지의 소프라노들도 선뜻 나서기를 망설이는 오페라다.

이 까다로운 〈노르마〉를 김영미는

2009년 6월 25일 예술의 전당 오페라극장에서

완벽히 소화했다.

그녀 나이 55세의 일이었다.

공연을 무사히 마친 그녀의 소감에서는 원숙미가 느껴졌다.

"나이가 드니까 노르마의 감정을 더 잘 이해할 수 있었어요.

어린 나이에 했다면 감당할 수 없었을 거예요."

참고 • "소프라노 김영미 '31년 기다려 노르마 역할 맡았죠'" (2009. 6. 25.), 《매일경제》
      • "칼라스와 다른 동양적 노르마 기대하세요" (2009. 6. 25.), 《문화일보》

살아서
신화가 된 디자이너

지난 50여 년간 펜디의 수장으로 군림하며

동시에 30년 넘게 샤넬을 책임져온 80대의 디자이너가 있다.

칼 라거펠트(Karl Lagerfeld).

모든 디자이너가 꿈꾸는 최고의 자리에 오른 지금

성취감을 만끽하며 편하게 지낼 수도 있는 그이지만

그의 새로운 도전은 멈출 줄 모른다.

67세, 디올 옴므 슈트를 입기 위해 13개월 동안 42kg 감량

68세, 마돈나의 월드투어 콘서트 의상을 제작

73세, 사진작가로 본격 데뷔해

《비저네어 23(Visionaire 23)》 발간

75세, 움직이는 뮤지엄 콘셉트의 '샤넬 모바일 아트전' 기획

77세, 프랑스 문화예술 훈장 '레지옹 도뇌르' 수상…

라거펠트는 지금도 매일 새벽 5시면 일어나

문화, 예술, 역사 관련 도서를 읽고 디자인을 구상한다.

그는 여든 살을 넘긴 나이에도 불구하고

왕성하게 활동할 수 있는 이유를 이렇게 말한다.

"나는 늘 새로움을 추구하고 도전합니다.

나이는 전혀 문제가

되지 않습니다."

젊은 사람들 틈에서 의기소침해질 필요는 없다.

37세의 팔레르모는

평균 연령 26세의 국가대표들과 함께 뛰었다.

아직 이루지 못한 꿈을 포기할 필요도 없다.

소프라노 김영미는

30년 동안 기다린 기회를 55세에 만났다.

새로운 것을 두려워할 필요도 없다.

80세의 라거펠트는

지금도 하루 수십 개의 디자인을 창작하고 있다.

서서히 죽어가는 개구리처럼

안정과 권태에 굴복하지 마라.

미지근한 물에 머물지 않고

냄비 뚜껑을 박차고 나오는 것,

이것이 바로 영원한 청춘의 비결이다.

2부

함께여서
아름다운,
'우리'를
꿈꾸는 방법

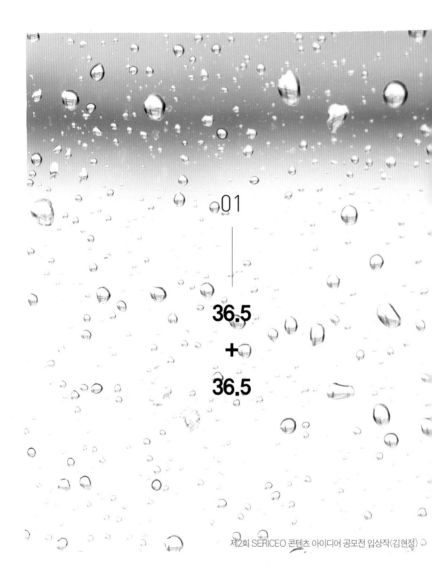

01

36.5

+

36.5

제2회 SERICEO 콘텐츠 아이디어 공모전 입상작(김현정)

'포옹(抱擁)'

1. 사람을 또는 사람끼리 품에 껴안음

그리고

또 하나의 다른 뜻

2. 남을 아량으로 너그럽게 품어줌

– 표준국어대사전

⋮

'포옹'을 의미하는 영어 단어, 'Hug'

'Hug'의 어원은

고대 노르웨이어 'Hugga'

'편안하게 하다,
위안을 주다'라는 뜻!

생명을 키우는
Hug

잣 태어난 아기 원숭이를
어미에게서 떨어뜨린 후,
어미 대신 우유가 나오는 철사 원숭이 모형과
부드러운 천 원숭이 모형을 놓아주었다.

과연, 그 결과는?

아기 원숭이는
배고플 때만 잠시 철사 원숭이에게 갈 뿐,
그 외엔 천 원숭이에게 바짝 붙어
떨어지지 않았다.

부드러운 천 원숭이에게서
엄마의 따스한 품을 느꼈기 때문이었다.

따뜻한 포옹이
배를 채우는 것 이상으로
중요하다는 것을 보여준 실험[●]

접촉 위안(Contact Comfort),
포근한 품은
상상 이상으로
놀라운 위력을 갖고 있다.

● 미국의 심리학자 해리 할로(Harry Harlow)의 애착 실험

죽음을 살리는
Hug

2010년 3월, 호주 시드니에서
귀여운 쌍둥이 남매가 태어났다.

그러나 태어난 지 20분 만에 내려진 사망선고.

"안타깝게도… 한 아기는 숨이 멎었습니다."

27주 만에 태어나
몸무게가 1kg도 안 나가던 아기는
그렇게 엄마 곁을 떠났다.

"한 번만… 안아봐도 될까요?"

엄마는 환자복을 벗고 맨몸으로
축 처진 작은 아기를 가슴에 꼬옥 안았다.
그리고 작별 인사를 나누기 시작했다.

"엄마의 심장 소리가 들리니?
 엄마는 너를 많이 사랑한단다…"

그렇게 두 시간이 지날 무렵 나타난

놀라운 생명의 기적!

사망선고를 받은 아이의 몸에서

작은 움직임이 느껴진 것이다.

급히 달려온 의사는

숨진 아기의 반사 행동일 뿐이라 했지만

포기할 수 없었던 엄마는 아기를 품에 안은 채

모유를 건네기 시작했고,

잠시 뒤 아기는 감은 눈을 뜨고

작은 손을 뻗어 엄마의 손가락을 잡았다.

"어머니의 포옹으로 숨진 아기가 기적처럼 살아났다."

콩닥콩닥

심장과 심장이 만나는 소리.

바로 그 소리에서 기적이 시작된다.

참고 • "Miracle mum brings premature baby son back to life with two hours of loving
cuddles after doctors pronounce him dead" (2010. 8. 27.), *Daily Mail*

희망을 주는
Hug

타지에서 많은 시련을 겪은 후

나는 슬픔을 안고 고향 시드니에 돌아왔다.

그러나 공항에 내렸을 때,

나를 반겨주는 이는 아무도 없었다.

이름을 부르고, 서로를 껴안는 사람들…

'나도, 누군가 안아주었으면…'

그래서 나는 사람들이 붐비는 거리에 나가

이렇게 적은 종이를 치켜들었다.

"Free Hugs!"

"안아드립니다. 공짜예요!"

정처 없이 걸은 지 15분 후

낯선 할머니 한 분이 내게 다가왔다.

그리고 나를 꼭 안아주며 이렇게 말했다.

"오늘은 하나밖에 없는 내 딸이

세상을 떠난 지 1년 되는 날이야.

이렇게 따뜻하게 누굴 안은 건 참 오랜만이네.

고마워요."

나는 그때 알게 되었다.

수백 마디 말보다 단 한 번 포옹의 힘이 더 크다는 것을.

- 후안 만(Juan Mann)

자신처럼 슬픔으로 일그러진 사람들을

자신이 받았던 따뜻함으로 위로하고 싶었던 후안 만은

이후 길에서 '프리허그'를 계속하게 되었고,

이 모습은 2006년 동영상을 통해 전 세계에 퍼져

각국 곳곳에서 프리허그 운동을 일으켰다.

참고   • http://www.freehugscampaign.org/
      • Youtube Free Hugs Campaign-official page(music by Sick Puppies.net)

따뜻함은 전염성이 강합니다.

36.5 + 36.5

상처 입은 마음을 감싸주는

가장 힘 있는 교감, 포옹

꼭 두 팔로 껴안는 것만이

포옹이 아닙니다.

사랑으로… 용서로…

감싸 안는 힘

그 넓은 마음이 얼어붙은 세상을 녹입니다.

더 많이 안아주고

더 많이 품어주세요.

두 팔로,

더 큰 마음으로,

당신의 소중한 사람들을.

02

거울 뉴런의
기적

전통적으로 대통령 선거 여론조사에서는

누가 가장 강력한 리더가 되고,

누가 가장 훌륭한 군 최고통수권자가 되며,

누가 경제를 잘 발전시킬 수 있다고 생각하느냐

등의 질문이 포함되는 것이 보통이다.

2008년 미국 대통령 선거 민주당 후보 경선과정,

민주당 지지자들에게는

색다른 질문 하나가 추가됐다.

"대통령 후보의 가장 중요한 자질은 무엇인가?"

놀랍게도 많은 사람들이

'선거에서 이길 확률이 가장 높은 사람'이라는

선택지를 제치고

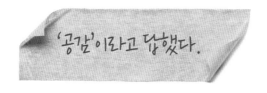
'공감'이라고 답했다.

참고 • 제러미 리프킨 (2010),《공감의 시대》, 이경남 역, 민음사

공감, 시간을 되돌리다

인도의 한 거리
한 여자가 서 있다.
울고 있다.

'무슨 일이 있었던 걸까?
내 마음이 다 아프다.
무슨 일인지 몰라도 도와주고 싶다.
할 수만 있다면…'

사랑을 해본 사람들은 안다.
이별의 아픔이 얼마나 큰지.

'시간을 되돌릴 수만 있다면,
그래서 떠나간 연인을 다시 붙잡을 수만 있다면…'

속절없이 흘러가는 시간 앞에서
속만 태우는 그 마음을 말하지 않아도 다 안다.
사랑을 해본 사람들은.

만약, 우리가 힘을 합쳐
저 연인들의 시간을 되돌려줄 수 있다면… 어떨까?

"자, 우리 모두 Rewind!"

자동차는 후진하고,
앞으로 걸어가던 사람은 뒷걸음질 친다.
가게 앞을 쓸던 사람은
쓰레받기에 담긴 것들을 털어내고
이발소 주인은 잘라낸 머리를 손님 머리에 다시 갖다 붙인다.
모두가 나름의 노력으로 이미 지나가버린 시간을
조금씩 되돌린다.

갑작스러운 변화에 당황하던 그녀.

하지만 이내 밝은 미소가 얼굴에 번진다.

사랑하는 연인을 싣고 떠나간 버스가

그녀 앞으로 돌아오고 있는 것!

드디어 사랑하는 사람이 버스에서 내리고

그와 포옹하며 환하게 웃는 여인.

안쓰러운 얼굴로 그녀를 지켜보던 사람들도

같이 환하게 웃는다.

2008년 칸 국제광고제 수상작, Orange TV의 'Rewind City'

이별 후 연인들의 애끓는 심정에 착안해 만든

'TV 다시보기 서비스' 광고다.

Rewind City 광고

공감,
타인의 진통제가 되다

공감은 곧 치유의 시작.

영화처럼 시간을 되돌릴 순 없지만

타인의 아픔을 공감하는 순간

치유가 시작된다.

진짜 기적이 준비된다!

알약을 삼키는 순간,

내가 모르는 그 누군가의 고통이 줄어든다.

마법이 아니다.

스페인 '국경없는 의사회'가 시작한

'Pills Against The Pain of Others'

즉, '타인을 위한 진통제' 캠페인이다.

세상에는 너무 가난해서
약을 사지 못하는 사람들이 있다.
약만 먹으면 쉽게 낫는 병인데
단지 돈이 없어서
꼼짝없이 앓아야 하는 사람들…

'타인을 위한 진통제'는
바로 그런 사람들을 위해 탄생했다.

주성분은 캐러멜,
가격은 8알들이 한 세트에 1유로,
수익금은 전액 가난한 환자들에게 전달된다.

타인을 위한 진통제는
출시 3개월 만에 300만 개 이상 판매되어
스페인 베스트셀러 의약품에 등극,
지금도 1만 5천 개 약국에서 절찬리에 판매되고 있다.

타인을 위한 진통제 광고

공감의 비밀, 거울 뉴런

나랑 상관없는 일,

전혀 모르는 남의 일이지만

차마 외면하지 못하고 도와주는 건

그 고통을 잘 알기 때문이다

즉, '공감(共感)'하는 능력이 있기 때문이다.

어떻게 사람들은 말하지 않아도 이심전심으로 알고

그저 눈으로 보기만 해도 내가 겪은 것처럼 느낄 수 있는 걸까?

그 이유는 우리 뇌 속에

'거울 뉴런(mirror neuron)'이 들어 있기 때문

거울 뉴런이란, 남의 행동을 보는 것만으로도

자신이 행동할 때처럼 똑같이 반응하는 신경세포이다.

파르마대학 자코모 리촐라티(Giacomo Rizzolatti) 교수는
1996년, 행동신경세포에 관한 원숭이 실험 중
우연히 거울 뉴런을 발견했다.
"인간이 모방을 통해 새로운 것을 배우고 타인의 행동을
이해할 수 있는 것은 바로 거울 뉴런 덕분이다."

화창한 봄날, 사랑하는 연인들을 보고 있노라면
내 가슴이 다 설레고
고통으로 신음하는 사람들을 보면 가슴이 아프고
그들에게 기부 등으로 도움을 주어야 마음이 편해지는 것은
모두 거울 뉴런 때문

만약, 거울 뉴런이 없다면?
공감은 원천적으로 불가능할 것이다.
거울 뉴런 = 공감 뉴런!

참고 · 석영중 (2011), 《뇌를 훔친 소설가》, 예담

뇌 과학자들이 뽑은

20세기 신경과학의 성과 중 가장 위대한 발견, '거울 뉴런'

"거울 뉴런의 주 기능은

다른 이의 의도와 감정을 이해하게 하는 것,

즉, 사회적 행동을 돕는 것이다.

거울 뉴런은 결국

다양한 형태의 '확산'에 관여할 것이다."

– 마르코 야코보니(Marco Iacoboni)

"거울 뉴런은 진화의 역사 속에서

인류가 크게 도약할 수 있게 한 원동력이다!"

– 빌라야누르 라마찬드란(Vilayanur Ramachandran)

참고 • 마르코 야코보니 (2009), 《미러링 피플》, 김미선 역, 갤리온

서서 아름다운, '우리'를 꿈꾸는 방법

인간이라면 누구나 가지고 있는 것, 거울 뉴런

공감의 시대,

우리 안에 있는 거울 뉴런이

좀 더 많은 사람들을 비추기를,

그래서 더 많이 공감하고

더 놀라운 기적이 일어나기를……

03

세상에서
가장
善하고 惡한 것

세상에서 가장 지혜로운 책으로 불리는
《탈무드》에 나오는 이야기 하나…

왕이 두 명의 신하에게 명령을 내렸다.

"너는 세상에서 가장 善한 것을,
너는 세상에서 가장 惡한 것을 찾아오거라!"

얼마 후 왕 앞에 나타난 두 신하의 답은 하나였다.
바로
"혀!"

"말이 가진 힘이란,
죽은 이를 무덤에서 불러낼 수도 있고
산 자를 땅에 묻을 수도 있다.
소인을 거인으로 만들 수도 있고
거인을 완전히 망가뜨려 없애버릴 수도 있다."
- 하인리히 하이네(Heinrich Heine)

인생을 송두리째
바꾸어버린 한마디

두 아이가 있었다.

첫 번째 아이는 1892년 동유럽의 작은 마을에서 태어났다.

두 번째 아이는 1895년 미국의 작은 마을에서 태어났다.

두 아이는 어린 시절 각자의 동네 성당에서

신부의 예식집전을 보조하는 복사(服事)를 맡았는데,

어느 날 성찬식에서 포도주를 따르던 중

잔을 엎지르고 만다.

같은 사건이었지만,

두 아이가 들어야 했던 말은 너무도 달랐다.

첫 번째 아이에게 돌아온 것은 호된 비난과 냉소였다.

"제단 앞에 두 번 다시는 나타나지 마라."

두 번째 아이에게 돌아온 것은 따뜻한 눈빛과 용서였다.

"나도 어릴 때 실수가 많았단다.

너도 커서 나처럼 신부가 되겠구나."

이렇게 상반된 반응 속에서 자란 두 아이는

수십 년 후 너무도 다른 인생을 살게 된다.

첫 번째 아이는 유고슬라비아를 37년간 통치한 독재자

요시프 브로즈 티토(Josip Broz Tito)이고,

두 번째 아이는 미국 가톨릭대학 교수이자 존경받는 대주교

풀턴 쉰(Fulton J. Sheen)이다.

같은 상황에서 두 사람이 들어야 했던

하늘과 땅 차이의 말 한마디가

엄격한 독재자를,

그리고 존경받는 종교인을 키웠던 것이다.

참고 • 차동엽 (2012), 《무지개 원리》, 국일미디어

장애를 아무렇지 않게
만든 한마디

에이미 멀린스(Aimee Mullins, 1976~)는

육상선수, 패션모델, 배우 등 다양한 이름으로 불린다.

여러 분야에서 종횡무진 활약하고 있는 그녀는

사실 무릎 아래로 두 다리가 없다.

선천적으로 양쪽 다리에 종아리뼈가 없어

한 살 때 절단 수술을 받았던 것이다.

결코 장애에 굴복하지 않았던 그녀는 스물두 살 때

미국 최대 스포츠대회 중 하나인 'Big East'*에 출전한다.

그런데 100미터 달리기 경기도중 15미터를 남기고

의족이 빠지는 사고가 발생한다.

늘 밝은 그녀였지만 5천여 명의 관중 앞에 드러난

자신의 다리가 너무도 당황스러워

코치를 향해 남은 경기를 포기하겠다고 말한다.

동정과 위로를 기대했던 그녀에게 돌아온
코치의 반응은 예상 밖이었다.
"그게 뭐 어때서, 에이미? 다시 끼우면 되잖아!
그리고 경기를 끝내버리는 거야!!"
이 쿨한 코치의 한마디에 그녀는
의족을 다시 끼우고 경기를 완주했다.

훗날 그녀는 그때 코치가 해준 말 덕분에
많은 사람들 앞에서도 더욱 당당히
자신의 다리를 드러낼 수 있게 되었노라 고백했다.

때로는 단순한 말 한마디가
희망과 절망, 도전과 포기를 가르는
결정타가 되기도 한다.

● 조지타운대학, 코네티컷대학 등 미국 동부의 16개 대학이 참여해
   야구, 농구, 육상 등을 겨루는 거대 스포츠대회.

참고 • http://www.aimeemullins.com/
      • "Is there anything she can't do?" (2011. 6. 25.), *Daily Mail*

상대를 결정짓는 한마디

미국 물류서비스 회사 PIE(Pacific Intermountain Express)는
심각한 고민에 빠졌다.
배송기사들의 부주의로 발생하는 손실이
연간 25만 달러에 달했기 때문이다.

진상을 조사해본 결과, 그 원인 중 약 56%가
컨테이너 물품을 제대로 분류하지 않아 비롯된 일이었다.
회사는 손실을 줄이기 위해
품질관리 전문가 에드워드 데밍(Edward Demming) 박사에게
문제를 해결할 수 있는 방법을 의뢰했다.

얼마 뒤 데밍 박사가 가져온 해결책은
너무도 간단했다.

"오늘부터 배송기사들을 '물품분류 전문가'라고 부르시오!"

이 어이없는 해결책의 효과는 놀라웠다.
단 한 달 만에 배송오류가 10%로 감소한 것이다.
'기사 아저씨'와 '물품분류 전문가'라는 호칭의 차이가
56%와 10%라는 엄청난 차이를 만든 것이다.

내가 상대를 어떻게 부르느냐에 따라
상대는 정말 그런 사람이 되어버린다.

참고 • "고객은 '만점 서비스'를 다시 찾는다" (2010. 5. 1.), 《동아비즈니스리뷰》

천 냥 빚을 갚을 수도 있지만

천 냥 빚을 질 수도 있는 것이 '말'이다.

善한 말에는 돈이 들지 않는다.

높은 위치에 오를수록

성공이 가까워질수록

타인에게 하는 말은 더욱 신중해야 한다.

그 말을 듣는 사람의 수와 영향력 역시

그만큼 더욱 커지기 때문이다.

나의 말 한마디가

누군가의 장애를 아무렇지도 않게 만들 수 있다면,

누군가의 지난한 인생을 희망으로 바꿀 수 있다면,

善한 말과 惡한 말 중

우리는 어떤 말을 해야 할까?

04

사과의
힘을
믿으세요

사과,
위기에서 벗어나는 열쇠

> 책임의 시대에는 실수를 하지 않는 것이 미덕이 아니라
>
> 실수를 깨끗하게 인정하고 다시는 실수를 하지 않도록
>
> 주의하는 것이 미덕이며, 우리는 그렇게 할 것이다.
>
> — 버락 오바마

2007년 2월 14일,

미국 동부에 진눈깨비를 동반한 폭풍우가 일었을 때

대부분 항공사는 고객들에게 운항불가를 알렸다.

그러나 제트블루(JetBlue)는 별다른 조치를 하지 않았다.

"이 정도쯤이야. 곧 나아질 거야. 기다려보자고."

근거 없는 안일함은 참혹한 결과를 낳았다.

'5일간 항공기 1천여 편 운항 취소'

'승객을 태운 비행기 9대, 공항 활주로에서 6시간 이상 대기'

제트블루 사상 최대의 위기였다.

그러나 상황은 2분 58초짜리 동영상 하나로 역전되었다.

2월 20일, 제트블루의 CEO 데이비드 닐먼(David Neeleman)이

고객들에게 직접 사과하는 동영상을 유튜브에 올린 것이다.

"Our promise to you"라는 제목의 이 동영상에서 그는

앞으로 같은 실수를 반복하지 않을 것을

구체적인 항목을 들어 약속했다.

착륙 후 1~2시간 안에 비행기가 게이트에 도착하지 않으면

고객에게 100달러를 지급한다는 등 피해에 따른

보상내용을 규정한 '고객권리장전'을 발표한 것이다.

결과는 어땠을까?

38만 명 이상이 사과 동영상을 보았고,

욕설과 불신으로 가득했던 댓글도 점차 긍정적으로 바뀌었다.

사과는 최고의 위기관리 언어이다!

참고 • 김호 · 정재승 (2011), 《쿨하게 사과하라》, 어크로스

　　　 • 제트블루 사과 동영상 http://www.youtube.com/watch?v=yHWFeHRQMZU

사과,
갈등을 해결하는 최종병기

> 진심 어린 사과는 책임소재와 상관없이
>
> 사람들에게 이성적인 대응을 하도록 만든다.
>
> — 김호 · 정재승, 《쿨하게 사과하라》

역사상 최악의 테러, 9·11사태로 인한 사망자 약 3천 명
의료사고로 인한 사망자는 매년 9만 8천 명!
미국의 또 다른 이름은 '의료사고 소송의 나라'

의료사고에 대한 미국 병원의 기본전략은
'부인하고 방어하라!'
의사는 뒤로 빠지고 변호사가 앞으로 나서되
정보는 가능한 한 공개하지 않으며
판결이 나기 전에는 유감조차 표하지 않아야 한다는 것.

"사람이 죽었는데…

어떻게 미안하단 말 한마디 안할 수가 있지?"

"피도 눈물도 없는 사람들 같으니라고!"

의료기술은 날로 발전했으나

의료사고로 인한 소송은

도무지 멈추지 않았다.

대체 무엇이 문제였을까?

"사람들은 환자 가족들이

보상금을 원한다고 하지만,

그것이 전부는 아닙니다.

가장 중요한 건 어쩌면 사과일지도 모릅니다."

- 미국 쏘리웍스연합(SorryWorks! Coalition) 창립자

　더그 워체식(Doug Wojcieszak)

최근 하버드, 스탠포드, 일리노이 등

미국의 유수 병원들이 앞 다투어 도입하고 있는

쏘리웍스연합의 '진실 말하기 프로젝트'

환자와 지속적으로 소통하는 것은 기본이며

신속하고 투명하게 조사하되

의사와 병원 측 실수로 드러났을 때는

그 즉시 책임을 인정하고 사과하며 적절한 보상책을 제시한다.

'어떤 경우에도 사과는 하지 않는다'는 불문율을 깨고

의사와 병원이 '사과'를 하기 시작한 것!

사과의 힘은… 놀라웠다!

미시건대학병원 환자 측 소송건수

: 2001년 262건 → 2007년 83건

소송에서 해결까지 소요기간

: 2001년 20.3개월 → 2007년 8개월

소송에 든 비용

: 2001년 300만 달러 → 2007년 100만 달러

사과는 인류가 만들어낸 가장 강력한 갈등조정도구이다!

참고 • 김호 · 정재승 (2011), 《쿨하게 사과하라》, 어크로스

• 더그 워체식 외 (2009), 《쏘리웍스》, 이지영 외 역, 청년의사

사과, 인류의 핸디캡을 극복하는 보호막

What have I got to do? (어떡하죠?)

What have I got to do? (난 어떻게 해야 하죠?)

Sorry seems to be the hardest word.

(미안하다는 말은 세상에서 가장 어려운 말 같아요.)

- Elton John, 〈Sorry seems to be the hardest word〉

사과가 그렇게 쉬운 거였다면

세상에 전쟁이란 없었을 것이다.

이렇게 어려운 사과, 어떻게 해야 할까?

사과를 잘 못하는 당신을 위한 사과의 기술을 소개한다.

이른바, '사과 6계명!'

"기분 나쁘셨다면, 사과하겠습니다."

이 말을 듣는 사람 입장에서 다시 풀이하자면?
'기분 나쁘게 할 의도는 없었다.
당신이 기분 나쁠 정도로 잘못한 것도 아니다.
그럼에도 불구하고, 당신이 기분 나빴다면 사과해주겠다…'

"기분 나쁘셨다면, 사과하겠습니다."
= "나의 사과를 받는 당신은 속 좁고, 옹졸한 사람!"

우리가 사과할 때 붙이는 사족들
"미안합니다만…"
"차가 너무 막혀서…"
"일이 너무 많아서…"
심지어 "그럴 수밖에 없어서…"

사과하는 말 앞뒤로 붙이는 이런 말들은 모두

'비겁한 변명'에 불과하다.

사과할 때는 앞뒤 사족을 다 떼고

사과만 해야 한다.

2계명. 무엇이 미안한지 구체적으로 표현하라

"죄송합니다."

… 설마, 이걸로 끝?

무엇이 미안한지 구체적으로 전하라.

"제가 약속을 잊어버리는 바람에

당신을 10분씩이나 기다리게 해서 죄송합니다."

3계명. 책임을 인정하라

주어가 없는 사과는 공허한 외침에 불과하다.

사과 = 유감 표명 + 책임 인정

본인은 분명 사과했는데 상대는 사과를 못 받았다고 한다면

둘 중 하나만 한 것!

기왕 사과하기로 마음먹었다면

인정할 건 확실히 인정하자.

"다른 누구도 아닌, 바로 '제' 잘못입니다."

1, 2, 3계명을 지킬 준비가 되어 있다면,

이제 나머지 세 계명으로 당신의 사과를 완성하라.

> 4계명. 개선의지나 보상의사를 표현하라
> 5계명. 재발방지를 약속하라
> 6계명. 진심을 담아 용서를 구하라

거절당할까봐 두려운가?

사람들은 극단적인 상황에서도

상대방을 이해하고 용서할 준비가 돼 있다는 사실을 믿으라.

실수투성이 인간이 가진 최고의 경쟁력은

사과와 용서이다!

참고 • 더그 워체식 외 (2009), 《쏘리웍스》, 박재영 외 역, 청년의사
　　　 • 김호 · 정재승 (2011), 《쿨하게 사과하라》, 어크로스

사과, 마감시간이 따로 없는 속보

군자의 허물은

마치 해와 달이 일식이나 월식을 일으키는 것과 같아서

누구나 다 보게 마련이다.

그러나 그것을 고친다면 사람들은 모두 그 용기를 우러러본다.

-《논어》, 〈자장(子張)〉편

2000년 3월 12일 로마 바티칸의 성베드로대성당,

전 세계의 성직자와 신도 1만여 명이 모인 자리에서

교황 요한 바오로 2세는 미사를 통해

전 세계인에게 사과의 말을 전했다.

지난 2천 년간 가톨릭이 저질렀던 과오를 고백하고
용서를 구한 것이다.

"진리를 구한다는 이름으로 치러진 폭력과
다른 종교를 따르는 사람들에게 보였던
불신과 적의에 대해 용서를 구합니다."

이후 추기경 다섯 명과 대주교 두 명이
가톨릭의 구체적인 죄를 고했다.
중세 고문형(마녀사냥 등) 종교재판, 십자군 원정,
유대인 박해, 신대륙 원주민 학살 방조,
아랍세계에 대한 약탈, 기독교도들의 분열,
여성에 대한 억압 …
고백을 마칠 때마다 교황은
참회의 뜻으로 예수 십자가상에 입을 맞췄다.

마지막으로 교황은 덧붙였다.
"가톨릭은 그동안 가톨릭이 당해온 박해에 대해서도
가해자들을 용서할 준비가 되어 있습니다."

교황과 가톨릭의 참회를 두고 전문가들은

가톨릭이 이제야 비로소

새로운 역사를 쓸 수 있게 되었다고 평가했다.

"사과하기에 아주 늦은 때란 없다."

- 아론 라자르

사과(沙果)를 깎으며

사과(謝過)를 생각합니다.

그때 나는 왜 깍듯이 사과하지 못했을까…

마음은 그게 아닌데

선뜻 사과하지 못하고 망설이고 계신가요?

앞으로 어떤 실수도 안 할 자신이 있거나

어떤 실수도 들키지 않을 자신이 있다면 모를까

그게 아니라면

용기를 내어 사과하십시오.

그러면 상대도 여러분도

그리고 우리가 사는 세상도 모두 행복해집니다.

05

당신은
아버지입니다

이 세상 모든 사람들이

공통적으로 갖고 있는 게 있다.

바로

아버지와 어머니이다.

어머니의 위대함은 많이들 알고 있지만

아버지의 사랑은 표현이 서툴다는 이유로

자녀들과 함께 보내는 시간이 적다는 이유로

외면받고 있는 듯하다.

우리들의 아버지는 과연
어떤 사람들일까?

포기를 모르는 이름, 아버지

2005년 아르헨티나 부에노스아이레스,
자동차 정비공 호르헤 카르딜레는
세상에서 가장 소중한 아들, 이보를 만난다.

그러나 기쁨도 잠시…
이보는 생후 23시간 만에 발작을 일으켜 혼수상태에 빠졌고
뇌성마비로 다시는 걸을 수 없다는 판정을 받는다.

아버지였기에 아들을 포기할 수 없었던 호르헤는
자신의 정비소에서 자전거 부품, 자동차 엔진, 널빤지 등을
이용해 아들을 위한 걷기 훈련 기구를 만들기 시작했다.
아들의 성장속도에 맞춰 치수를 재고
몸에 맞게 기기들을 수없이 다시 만들어가며

어떻게 걷기 훈련을 시킬 것인지 고민했다.

그리고 2008년부터 하루 10분씩

근육 단련, 자세 교정 등 재활치료를 지속했다.

기적은 2011년 11월 10일에 일어났다.

아들이 혼자 걸을 수 있게 된 것이다.

넘어질 듯 말듯 한 발씩 내딛는 아들의 손은

언제나 아버지 호르혜가 잡아주었다.

자식을 위해서라면 그 어떤 시련, 어떤 좌절에도

포기하지 않는 이름, 아버지이다.

참고 • "의사도 포기한 아들, 결국 걷게 만든 '위대한 부정'" (2011. 11. 10.), 동아닷컴

추억이라는 이름, 아버지

미국 유타 주에 사는 데일 프라이스(Dale Price)는
재미있고 유쾌한 아버지로 유명하다.

그는 매일 아침 코스프레 의상을 입고
등교하는 아들을 배웅한다.
공주, 외계인, 스파이더맨 등 온갖 다양한 의상을 입은 그는
이미 아들의 학교친구들 사이에서 유명인이다.

왜 그런 이벤트를 하느냐는 질문에 그는 이렇게 대답한다.

"하루를 웃으며 시작할 수 있게 하는 것이

아들에 대한 나의 사랑방식입니다."

사실 그가 이 일을 시작한 이유는 따로 있다.

바로 자신의 왼쪽 다리 때문이다.

10여 년 전 그는 교통사고로 다리를 잃었다.

혹여나 자신 때문에 사춘기 아들이 웃음을 잃을까봐

코스프레를 시작한 것이다.

그는 새벽부터 준비해야 하는 이 코스프레 이벤트를

당분간 계속할 것이라고 말한다.

"먼 훗날 아들이 회상할 좋은 추억,

나는 그걸 만들어주고 싶어요."

자식들 마음속에 평생 간직될

소중한 추억을 만들어주는 이름, 아버지이다.

참고 • "World's most mortifying dad: The father who dressed in COSTUME to send his
horrified son to school - every day for a year!" (2011. 6. 11), *Daily Mail*

• http://waveatthebus.blogspot.kr/

지혜를 깨우치는 이름, 아버지

영국의 평범한 교사 폴 플래내건(Paul Flanagan)은
2009년 피부암 진단을 받고 9개월 만에
45세 나이로 사망했다.

그에게는 당시 다섯 살이었던 아들 토마스와
한 살배기 딸 루시가 있었다.

그가 죽은 뒤 집안 곳곳에서는
아들과 딸을 위한 선물들이 발견되었는데,
토마스와 루시가 성인이 되기 전까지
매년 받을 수 있는 생일선물과 수백 통의 편지가 그것이었다.

편지 내용은 그가 살아서 아들과 딸 곁에 함께 있었다면

하루하루 소소하게 나누었을 이야기들과

아버지 없이 살아가게 될 아이들에 대한 걱정과 당부들이었다.

"포크와 나이프를 바르게 사용하렴.

사람들은 너의 매너를 보고 너를 평가한단다."

"서비스를 받으면 꼭 팁을 주어야 한단다."

"나이는 곧 지혜란다. 나이든 사람을 공경하렴."

"…그리고 엄마 말을 잘 들어야 해."

"행복한 인생의 공식은 의외로 간단하단다.

용기와 겸손, 감사하는 마음을 가지렴.

너희는 행복한 인생을 살 충분한 자격이 있단다."

죽음을 앞둔 아버지 폴이 남기고자 했던 것은

아이들에게 필요한 삶의 지혜가 아니었을까?

인생을 살아가는 데 필요한

많은 깨우침을 주는 이름, 아버지이다.

참고 • "A father's message from beyond the grave: My darling children, here's how to live
your lives when Daddy's gone" (2011. 7. 23.), *Daily Mail*

영원한 챔피언으로 기억될 이름, 아버지

제임스 브래독(James Braddock)은 복싱 챔피언이었다.

그러나 화려한 시절은 길지 않았고 슬럼프가 엄습한다.

갑자기 찾아온 오른손 부상, 권투협회장과의 관계 악화,

복싱협회의 제명…

수입이 끊긴 브래독은

아내와 세 아이들의 생계를 위해 부두 노동자로 일한다.

하지만 1930년대 경제공황까지 겹쳐

지독히도 가난한 나날들은 끝이 보이지 않았다.

고민 끝에 브래독은 자존심을 버리고 권투협회에 찾아가
시합에 나갈 수 있게 해달라고 구걸했다.

결국 시합에 나간 브래독은
부둣가 막노동으로 다져진 왼손으로
차례차례 경쟁자들을 물리치고
1935년 챔피언 자리를 탈환했다.

책임감 때문에 하루하루 더 강해지고
그래서 자식들에게는
영원한 챔피언인
그 이름, 아버지이다.

참고 • http://www.jamesjbraddock.com/

포기하지 않는 사람,

소중히 기억될 추억을 만들어주는 사람,

삶을 관통하는 큰 지혜를 주는 사람,

그리고

책임감과 희생을 등에 지고 걷는 사람,

아. 버. 지.

세상의 모든 아버지들에게

박수를 보냅니다.

06

타이슨을 KO시킨 다마토

1986년 WBC 헤비급 세계 챔피언

1987년 WBA 헤비급 세계 챔피언

1987년 IBF 헤비급 세계 챔피언

헤비급 타이틀을 휩쓴

링 위의 패자(霸者)

그러나

이후 여러 악행으로 얼룩진 불운의 파이터

마이크 타이슨(Mike Tyson, 1966~)

그런데

그런 타이슨을 순한 양으로 만들었던 단 한 사람,

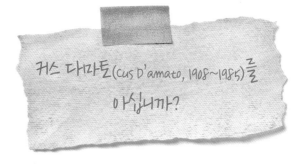

거스 다마토(Cus D'amato, 1908~1985)를
아십니까?

폭력소년 타이슨, 다마토를 만나다

어릴 적부터 폭력소년으로 악명 높던 타이슨,

그의 인생은 다마토를 만나면서부터 변화하기 시작한다.

청소년 보호시설 코치의 소개로

14세 소년 타이슨을 만난 다마토는

그의 연습 모습을 지켜본 후

제자로 받아들이기로 결정한다.

다마토는 타이슨이 글을 읽지 못한다는 사실이 창피해

학교생활에 적응하지 못하는 것을 알고,

그에게 가정교사를 붙여 글을 가르친다.

그리고 16세 때 타이슨이 어머니를 잃자
그를 양자로 삼아 가슴속 상처를 치유해준다.
난생 처음 자신을 사랑으로 감싸준 다마토,
타이슨 역시 마음을 열고 다마토를 받아들인다.

5년 동안의 지독한 훈련,
드디어 타이슨의 주먹이 불을 뿜기 시작한다.
그러나 1985년 11월 4일,
다마토는 폐렴으로 세상을 떠나고 만다.

타이슨은 고된 훈련의 성과로
세계 타이틀을 휩쓸지만
아버지처럼 믿고 따르던
스승 다마토를 잃은 아픔에 방황하기 시작한다.

1988년, 선수보다 돈과 흥행을 우선시하던
프로모터 돈 킹(Don King)과의 만남 이후
타이슨의 삶은 구설수의 연속이었다.

"다마토의 죽음에 대한
분노를 잠재울 수 있는 방법은 하나밖에 없었다.
좋은 사람이든 나쁜 사람이든 누구든지
그들을 괴롭히는 것이었다."

- 마이크 타이슨

타이슨의 지인들은 이렇게 말한다.
"만약 커스 다마토가 10년만 더 살았더라면
타이슨의 복싱 인생이 지금과는 다르지 않았을까…"

복싱선수가 꿈이었던 다마토, 트레이너의 길을 택하다

1908년 뉴욕 브롱스의 빈민가에서 태어난 다마토는
4세에 어머니를 잃고 지독한 가난과 싸우며 성장한다.

전기와 수도가 끊기고
먹을 것마저 떨어지는 일이 다반사였고,
여덟 형제 중 세 명이 사망했다.

이런 어려운 환경 속에서
다마토의 유일한 즐거움은 단 하나.
복싱을 좋아했던 형을 따라
복싱 연습장에 가는 것이었다.

그렇게 다마토는 어깨 너머로 복싱을 접하게 됐고,
복싱선수가 되는 것이 유일한 꿈이었다.
하지만 12세 때 그는
불량배와의 싸움으로 한쪽 시력을 잃고 만다.

복싱선수가 되고 싶다는 꿈 하나로
모진 세월을 견뎌왔던 다마토는 고민에 빠진다.

'복싱선수가 아니어도
계속해서 복싱을 할 수 있는 방법은 없을까?'

결국 복싱 트레이너의 길을 선택한 다마토,
그는 복싱을 통해 자신처럼 불우한 환경에서 자란
사람들의 삶이 변화하길 바랐다.

다마토는 22세 때 작은 체육관을 열었고,
불우아동을 위해 365일 무료로 체육관을 개방했다.
그는 체육관에서 숙식을 해결하며
챔피언들의 경기 스타일을 분석하는 데 전념했다.

그 결과, 복싱계의 전설적인 기술인
피커부(peek-a-boo)* 스타일을 만들어낸다.
이것은 양손을 턱에 붙이고 머리를 부지런히 움직여
상대공격을 흘린 후 파고 들어가는 전법이었다.

다마토는 다른 복싱 트레이너들과 달리
공격보다는 방어를 더욱 중점적으로
지도하는 것으로 유명했는데,
이유는 오직 하나였다.

"내 제자 중에서는 나처럼 장애를 입거나
경기 중 다치는 일이 없었으면 좋겠다."

* 아기에게 얼굴을 가렸다가 까꿍하는 것처럼 상대 복서에게 얼굴을 가린 채 접근하는 기술

전설의 명장이
남긴 것···

다마토의 첫 번째 제자는

복싱 선수가 되고 싶다며 찾아온 14세 고아 소년이었다.

심한 열등감에 시달리는 소년을 위해

다마토는 단 한 번도 뭔가를 강요하지 않았다.

그리고 소년이 어떤 일을 해도

주변 사람들에게 끊임없이 칭찬을 늘어놓았다.

그뿐만 아니라 자신은 입지도 신어보지도 못한

최고급 옷과 구두를 선물하면서

소년이 대접받을 만큼 귀한 사람이란 것을

일깨워주기 위해 혼신의 힘을 다했다.

그리고 1956년,

다마토는 21세가 된 무명의 소년을

당시 최연소 NBA 헤비급 챔피언으로 만들어내며

세계를 놀라게 한다.

소년의 이름은 플로이드 패터슨((Floyd Patterson, 1935~2006),

그는 두 차례나 NBA 헤비급 챔피언에 올랐다.

이후 다마토는 푸에르토리코 출신의

가난한 복서를 제자로 맞아들인다.

1965년 WBC & WBA 라이트 헤비급 세계 챔피언

호세 토레스((Jose Torres, 1936~2009)이다.

다마토는 형편이 어려운 토레스가

마음 편히 운동에 매진할 수 있도록

평생 단 한 푼의 돈도 받지 않았다.

그리고 가난에 시달려 결혼을 하지 못하던 제자의

결혼식 비용을 부담하고

은퇴 후 일자리까지도 마련하는 등

무한한 사랑을 베풀었다.

평생을 복싱에 전념하며

자신을 내세우기보다

제자를 최고의 선수로 만들어낸 다마토!

여러 명의 챔피언을 키워낸 다마토였지만

그가 사망했을 때

자신의 명의로 된 재산도, 은행계좌도 없었다.

참고 • 창화 (2009), 《인생을 바꾸는 최고의 만남 귀인》, 남지혜 역, 미래의창
     • "아름다운 사제지간 타이슨과 다마토" (2010. 3. 9.), 네이트 스포츠-김대환 칼럼
     • "사후에도 타이슨을 걱정한 스승 다마토" (2010. 3. 11.), 네이트 스포츠-김대환 칼럼
     • "다마토는 타이슨을 어떻게 조련했을까?" (2010. 3. 17.), 네이트 스포츠-김대환 칼럼

"다마토는 내가 처음으로 신뢰한 사람이었다.

그는 내게 자신의 인생을 걸었고

나도 그에게 내 인생을 바쳤다."

– 마이크 타이슨

"한 소년이 불씨와도 같은 재능을 갖고 내게로 왔다.

내가 그 불씨에 불을 지피자 불길이 일기 시작해…

아름다운 불꽃이 되었다.

이것이 바로 누군가의 인생을 변화시킬 수 있는

우리의 위대한 힘이 아니겠는가."

– 커스 다마토의 묘비명 중에서

07

헬퍼스 하이

'헬퍼스 하이(Helper's high)'

남을 도울 때 느끼는 정서적 포만감

혈압과 콜레스테롤 수치가 낮아지고
엔도르핀이 정상치의 세 배 이상 분비되어
몸과 마음에 활력이 넘치는 신체적인 변화

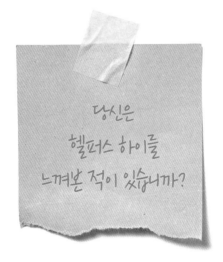

당신은
헬퍼스 하이를
느껴본 적이 있습니까?

트레버 캠페인

1983년 겨울 필라델피아,
"올 겨울 추운 날씨로 인해
얼어 죽는 노숙자의 수가 늘어나고 있습니다."
뉴스를 본 11세 소년 트레버 페렐(Trevor Ferrell)은
자신의 담요와 베개를 챙겨 거리로 나섰다.

"할아버지, 이거 덮으세요."

다음날도, 또 그 다음날도 트레버는 거리로 나섰고
온 동네를 돌아다니며 헌 이불과 옷가지 등을 모아
노숙자들에게 건넸다.

소년의 이야기는 곧 필라델피아 전역으로 퍼져나갔고
이웃 마을, 음식점, 군부대 등 펜실베이니아 주 전역에서
먹을거리와 옷가지를 보내오기 시작했다.

이것이 바로 트레버 캠페인(Trevor's Campaign)의 시작이다.
1983년 출발한 이 캠페인은 이후 30년간
노숙자들을 위한 200만 끼 이상의 식사를 마련,
2천 명 이상에게 집을 제공하는 등
노숙자 구제에 앞장서고 있다.

참고 • 트레버 캠페인 홈페이지 http://www.trevorscampaign.org/

그녀들이
행복해진 이유

고(故) 다이애나 스펜서(Diana Spencer, 1961~1997),

생전 그녀는 극심한 스트레스로 인해

거식증과 폭식증에 시달렸다.

"사람들은 나를 마릴린 먼로와 비교하곤 해요.

하지만 난 그녀와 비교되고 싶지 않아요.

그녀가 빨리 죽어서가 아니라

사랑을 이루지 못하고 죽었기 때문이에요.

난 이 세상에서 사랑을 이루고 싶어요."

– 앤드루 모튼,《나, 다이애나의 진실》

이혼 후 대중의 시야에서 사라졌던 그녀가
다시 모습을 드러낸 곳은 아프리카 빈민촌과 내전지역.
화려한 황태자비가 아닌
나눔과 봉사의 상징이 된 그녀는
한결 밝은 모습이었다.

"단 1분, 30분, 하루, 한 달이라도
제가 사랑을 드릴 수 있다는 게 정말 행복해요.
계속해서 사랑을 나눠드리고 싶어요."
– 앤드루 모튼,《나, 다이애나의 진실》

가난과 성폭행 경험 등 과거의 불행을 딛고
'토크쇼의 여왕'이 된 오프라 윈프리(1954~)
그녀의 또 다른 이름, '기부의 여왕'

2005년 허리케인 피해자들의 주택건설을 위한
자선 모금운동 추진,
2006년 5,800만 달러로 미국 스포츠 · 연예계
유명인사 가운데 가장 많은 자선기금을 기부

2009년에도 4천만 달러를 기부하는 등
매년 수백억 원에 이르는 금액을 기부

"봉사하는 사람만이 느낄 수 있는
희열이 있습니다.
그 희열을 느끼고 싶다면
사회에 나가 좋은 일을 하세요."

– 오프라 윈프리, 스탠포드대학 졸업식 축사에서(2008)

참고 • "Princess Diana : The panorama interview" (1995. 11. 2○), BBC
• 앤드류 모튼 (1997), 《나, 다이애나의 진실》, 송은정 역, 사회평론
• 오프라 윈프리 홈페이지 http://www.oprah.com/

헬퍼스 하이의 효과

헬퍼스 하이,

'실제로 남을 도우면 느끼게 되는

최고조에 이른 기분'을 의미하는 정신의학용어.

미국 내과의사 앨런 룩스(Allan Luks)가

저서 《선행의 치유력》에서 최초로 언급.

"알코올 중독자의 치료 확률은 평균 22%이지만

알코올 중독자가 봉사활동을 병행할 경우

치료 확률은 40%로 향상되었다."

- 미국 케이스웨스턴리저브 의과대학, 마리아 파가노 박사 연구팀(2004)

"피실험자에게 테레사 수녀의 일대기를 그린
영화를 보여주고 신체의 변화를 관찰한 결과
피실험자의 면역항체가 증가했다."
– 미국 하버드 의과대학 연구팀(1998)

선행,
타인을 이롭게 하고
나아가 나 자신을 이롭게 하는 것!

참고 • Allan Luks (2001), *The Healing Power of Doing Good*, iUniverse

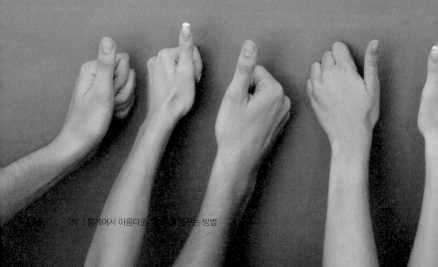

GIVE
GIFT

남을 돕는 사람만이 느낄 수 있는

세상에서 가장 값진 기분

헬퍼스 하이!

오늘, 당신도 느껴보세요.

오프라의 딸들이 자라는 곳
— '오프라 윈프리 리더십 아카데미'

"엄마 오프라(Mom Oprah),

우리가 의미 있는 존재라는 것을 가르쳐줘서 고마워요."

– 제1회 졸업생 대표 마사디 케카나

아프리카에서 고등학교를 졸업하는 여성은 30% 미만. 불과 6년 전만 해도 교육 혜택에서 소외되어 미래를 꿈꿀 수조차 없었던 남아공의 소녀들이 아프리카를 이끌어갈 유망주로 다시 태어나고 있다.

남아프리카공화국 요하네스버그 남부에서 멀리 떨어진 작은 마을 헨리 온 클립(Henley-on-klip). 이곳에 제2의 오프라 윈프리를 꿈꾸는 소녀들이 있다. 바로 '오프라 윈프리 리더십 아카데미(Oprah Winfrey Leadership Academy for Girls)'의 학생들이다.

윈프리가 4천만 달러를 들여 설립한 '리더십 아카데미'는 남아공에서 여성이라는 이유로 차별을 받은 10대 소녀들에게 교육의 기회를 제공하기 위해 6년여의 준비기간을 거쳐 2007년 문을 열었다. 윈프리는 재능은 있지만 집안 형편 때문에 교육을 받지 못하는 남아공 소녀들을 직접 선발해, 최신식 학교 시설과 교복, 학용품을 제공하고 다양한 교육 프로그램에 참여시키고 있다.

아카데미의 교육 프로그램은 다양하다. 언어, 수학 등 정규수업뿐 아니라 스포츠 활동과 커뮤니티 현장학습을 함께하는데, 아이들은 현장 프로그램에 참여하며 실질적으로 자신이 속한 지역사회에서 당면한 과제를 고민하고 배우는 시간을 갖는다.

오프라 윈프리 리더십 아카데미의 커뮤니티 현장 프로그램

활동명	활동 내용
집짓기	열악한 주거환경 개선, 벽돌 나르기, 벽화 그리기 등
양로원 방문	어르신과 말벗 하기, 벽화 그리기
아동보육시설 방문	아이돌보기, 놀이터 꾸미기, 벽화 그리기
에이즈 교육	지역사회 에이즈 퇴치 캠페인, 학생 성교육 및 에이즈 예방 교육
유방암 교육	유방암 예방 및 인식 교육
농작물 재배	농작물 직접재배, 학교급식에 활용
예술문화 워크숍	세계 문화와 예술에 대한 공연 활동

2012년 1월 14일. 아카데미는 첫 졸업생 72명을 배출했는데, 이들은 모두 대학에 진학할 예정이며, 상당수는 미국 명문대 입학이 결정됐다.

참고 • 오프라 윈프리 리더십아카데미 홈페이지 http://www.owla.co.za/
    • 서울복지재단 블로그 http://blog.daum.net/seoulwelfare7/226
    • "딸 72명 키워낸 '억척 맘 오프라'"(2012. 1. 16.), 《동아일보》

"늘 나 자신을 이용하고,

내 삶을 이용하고,

내 돈을 이용하고,

내 돈을 이용할 방법을 찾고 있다.

지금 내 관심은 효과를 영원히 창출할 수 있는 곳이다.

이런 내 노력은 학교로 향했다.

교육이 바로 자유이기 때문이다."

– 오프라 윈프리

08

메멘토 모리

절대 묵언을 지켜야 하는

트라피스트 수도원에서

단 한 가지 허용된 말

과거 로마의 전쟁영웅이

개선행진을 할 때

반드시 외쳐야 했던 그 말

메멘토 모리(Memento mori)
'죽음을 기억하라!'

참고 • "[여의도 에세이-맹난자] 메멘토 모리" (2001. 1. 30), 《국민일보》

죽음에 관한 첫 번째 질문.

"과연 우리에게 영혼은 있을까?"

1907년 미국 매사추세츠 병원의 의사
던컨 맥두걸(Duncan MacDougall)은
놀라운 실험에 착수했다.

"영혼의 무게를 재보자!"

임종 직전 환자 다섯 명이 숨을 거둘 때까지
약 네 시간 동안 체중 변화를 기록한 결과,
다섯 명의 환자 모두 사망한 순간
'약 21~24g'의 체중이 감소했다.

100년 후 스웨덴의 한 연구팀이

컴퓨터 제어장치로 그 실험의 진위를 검증해본 결과,

역시나 임종 시 환자의 체중이

'21.26214g' 감소되는 것으로 밝혀졌다.

영혼의 무게, 21g

21g의 영혼이 사라지는 순간

'死亡'

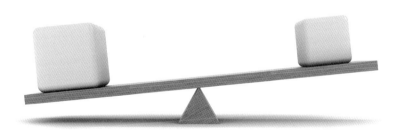

참고 • 알렉스 보즈 (2008), 《위험한 호기심》, 김명주 역, 한겨레출판사

죽음에 관한 두 번째 질문.

"나의 마지막은
어떤 모습일까?"

제2차 세계대전 당시,

한 사형수가 사형대에 올랐다.

"지금부터 당신의 정맥을 끊어서 사형을 집행하겠습니다.

당신은 점점 피를 흘리며 서서히 죽어가게 될 것입니다."

그러나 실제로는 팔에 작은 상처를 낸 다음

마치 피가 떨어지는 것처럼

물이 떨어지는 소리를 들려주었다.

그렇게 하루가 지나자…

사형수는 놀랍게도 진짜 숨을 거두었다.

노시보(Nocebo) 효과,

어떤 것이 해롭다는 암시만으로도

실제로 최악의 결과를 초래하는 현상

"인간은 극도의 불안에 빠지게 되면

아무런 행위를 취하지 않아도

'죽음'을 비롯한 무서운 결과가 나타날 수 있다."

– 미국 생리학자 W. B. 캐논

사형수의 죽음은 '죽을 수도 있다는 생각(思)'이

실제 '죽음(亡)'을 야기한…

思(생각 사) + 亡(망할 망) = 思亡

'思亡'이 불러온 '死亡'이었다.

2010년 NHK의 다큐멘터리

〈무연사회(無緣社會) 3만 2천 명의 충격〉이 방송된 후

일본 열도 전체가 충격에 휩싸였다.

2008년 아무 연고도 찾을 수 없는

정체불명 사망자수 3만 2천 명.

그 대부분이 혼자 쓸쓸히 죽어간 독고사(獨孤死)로,

가족은 물론 이웃조차

그들이 언제, 어떻게 죽었는지 모르는

무연사(無緣死)였다.

더 이상 이어갈 인연 없이

쓸쓸히 죽어간…

嗣(이어갈 사) + 亡(망할 망) = 嗣亡

그것은 현대인의 死亡,

그 쓸쓸한 단면이었다.

참고 • "신비한 TV 서프라이즈" (2011. 4. 17.), MBC TV

죽음에 관한 세 번째 질문.

"우리의 죽음을 가장 빛나게 만드는 것은 무엇일까?

2011년, 각계각층 인사들과 국민의 애도 속에
떠나간 주인공이 있었다.

철가방 배달부로 한평생을 살다간
고(故) 김우수 씨(향년 54세)

고아 출신에 소년원을 전전하며
불혹의 나이에는 교도소까지 간 그였지만
우연히 자신보다 더 어려운 처지의
어린아이들이 있다는 것을 알게 되면서
그의 인생은 달라졌다.

한 평 남짓 작은 고시원 쪽방에서 홀로 살아가면서도,

思亡… "죽겠다, 힘들다"라는 생각을 버리고

嗣亡… "외롭다, 괴롭다"라는 감정을 버리고

매달 70만 원 월급에서 10만 원씩을 떼어

다섯 명의 어린이를 후원.

불의의 사고를 당할 경우를 대비해

자신이 죽은 후 받게 될 종신보험금 4천만 원의 수령인을

한국복지재단(현 초록우산어린이재단)으로 지정했다.

그리고 1년 후,

그의 우려는 현실이 되었다.

2011년 9월 23일,

배달을 마치고 돌아오는 길을 마지막으로

그의 세상길이 끝났다.

교통사고로 사망한 후

아무 연고가 없어 장례식도 치르지 못하던

고 김우수 씨의 죽음이 세상에 알려지게 된 것은

그의 책상 위에 놓여 있던

다섯 명의 후원자 사진 덕분이었다.

누군가 그 사진을 보고

후원단체에 그의 죽음을 알린 것이다.

생전에 아무 연고도 없었던 그였지만,

그가 남긴 사랑은 그의 죽음을

모두의 가슴 속에 기억하게 만든

불씨가 되었다.

ⓒ 연합뉴스

참고 • "철가방은 사랑을 싣고~" (2009. 7. 16.), 《노컷뉴스》

나의 마지막은

과연 어떤 모습일까?

내 몸 속에서 21g의 영혼이 빠져나가는 그 순간…

나는 무엇이 가장 후회될까?

思亡, '죽겠다'는 생각을 버리고

嗣亡, '외롭다'는 생각을 버리고

오늘 죽어도 여한이 없을 만큼

최선을 다해 사랑하고,

최선을 다해 일하면서,

최선을 다해 오늘을 사는 것!

이것이 바로

우리의 죽음을 가장 빛나게 만드는 방법이자,

메멘토 모리

우리가 죽음을 기억해야 하는 이유이다.

달리 보아야 보이는, '성공'을 만드는 방법

01
|

**클리셰
깨뜨리기**

제1회 SERICEO 콘텐츠 아이디어 공모전 동상 수상작(우석진, 김현)

'클리셰(Cliché)'

원래 인쇄에 쓰이는 연판(鉛版)을 뜻하는 프랑스어였으나

판에 박은 듯한 의례적인 문구,

진부하고 식상한 표현,

상투적인 기법 등을 가리키는 비평용어로 쓰이기 시작

"매진 임박입니다!"

"공사다망한 가운데 자리를 빛내주신…"

"이 회사에 뼈를 묻겠습니다."

⋮

이 클리셰를 조금만 깨뜨린다면?

시장의 클리셰를 깬
파이크 플레이스 마켓

펄떡이는 생선과 활기 넘치는 상인들,

조금이라도 더 싱싱한 생선을 사기 위해 애쓰는 고객들…

북적이는 수산시장의 클리셰는?

손님이 잠시만 생선을 만져보려 하면

어느새 들려오는 한마디,

"만지면 안 됩니다!"

그런데 이와는 전혀 다른 말을 들을 수 있는 곳이 있다.

"직접 만져보시겠어요?"

상인들은 손님에게 맘에 드는 생선을 직접 골라보길 권한다.

그리고 생선을 들고 즐거워하며 들뜬 모습을

즉석에서 사진으로 찍어주기도 한다.

게다가 손의 비린내를 없애줄

따뜻한 젖은 수건까지 준비되어 있다.

사람들에게 즐거운 추억거리를 만들어주고자 하는 곳,

미국 시애틀의 파이크 플레이스 마켓(Pike Place Market)이다.

이러한 변화를 통해 이 오래된 전통시장은

매출이 늘어난 것은 물론, 시애틀 제1의 관광명소로 등극한다.

'거래가 우선'이라는 클리셰를 깬,

'즐거움이 우선'이라는 마음이 때론 큰 성과를 만든다.

따뜻한 위반,
다카시마야 백화점

1989년 4월 도쿄의 다카시마야 백화점,

한 여인이 진열된 포도를 바라보며

계속 서 있었다.

"손님, 무엇을 도와드릴까요?"

"저… 돈이 2천 엔밖에 없는데 포도 몇 알만 잘라서

살 수는 없을까요? 제 딸이 포도를 정말 먹고 싶어해서요."

포도 한 상자의 가격은 2만 엔,

포도알을 낱개로 파는 것은 규정 위반,

한 상자로서의 상품가치가 떨어지면

나머지 포도까지 팔기가 어렵기 때문이다.

이럴 경우 판매직원의 클리셰는?

"죄송합니다. 규정에 없는 일이라서…"

하지만 그곳의 한 직원은 달랐다.

"아, 따님이 몇 살인가요?"

기꺼이 포도알을 떼어내서 정성스레 포장까지 한 다음 건넸다.

그리고 한 달 후, 세상에 알려진 이야기!

"포도 한 알만 먹어봤으면…"

혈액암으로 생을 마감한 가난한 한 소녀의 마지막 소원,

소녀는 눈을 감기 전

세상에서 가장 맛있는 포도를 맛볼 수 있었다.

이후 다카시마야 백화점은

'고객을 위한 마음'을 간직한 곳으로 알려지며

일본 최고의 백화점으로 승승장구할 수 있었다.

'차가운 규정'이라는 클리셰를 깬,

'따뜻한 위반'이 때론 감동을 만든다.

구둣방의
또 다른 역할

번화가나 지하철역 근처, 행인들이 많은 모퉁이면
한두 개씩 자리잡고 있는 구둣방,
사람들은 가끔 구두를 닦거나 고치기 위해서가 아니라
그저 길을 묻기 위해 쉽게 이곳에 들른다.

"○○에는 어떻게 가나요?"

이때 대다수 구둣방의 클리셰는?

"(귀찮아…) 길 물어보는 데 아니거든요!"
"(건성건성) 저~쪽으로 가세요."

그런데 한 지하철역 앞 구둣방은 다르다.

정성스레 그려진 약도 하나,

행인들이 가장 많이 물어보는 곳이 정확히 표시되어 있다.

'손님이 아니더라도…'

사람들을 위한 작은 배려,

사람들은 필요한 정보를 얻고 작은 고마움을 느낀다.

'나의 이익이 먼저'라는 클리셰를 깬,

'타인에 대한 배려가 먼저'라는 마음이

세상을 좀 더 편하게 만든다.

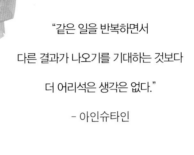

"같은 일을 반복하면서

다른 결과가 나오기를 기대하는 것보다

더 어리석은 생각은 없다."

- 아인슈타인

큰 돈, 오랜 시간, 엄청난 공이 들어가지 않아도

하나의 작은 변화는

의외의 큰 결과를 만들어낸다.

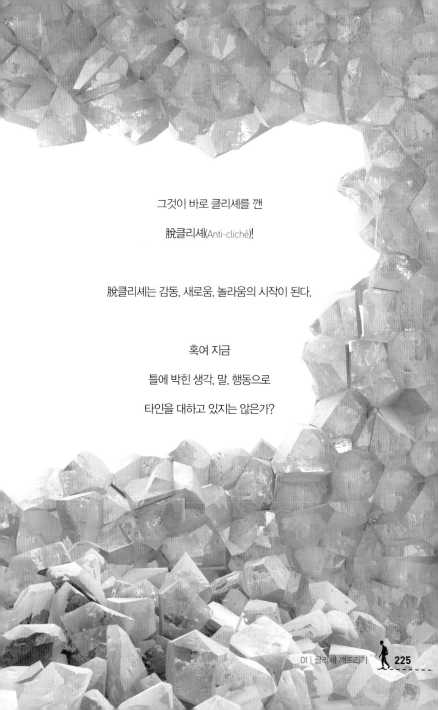

그것이 바로 클리셰를 깬

脫클리셰(Anti-cliché)!

脫클리셰는 감동, 새로움, 놀라움의 시작이 된다.

혹여 지금

틀에 박힌 생각, 말, 행동으로

타인을 대하고 있지는 않은가?

02

상식의
오류

| 간단한 상식문제 |

1. 불이 났을 때, 어떤 물이 진화에 더 효과적일까?

① 차가운 물   ② 뜨거운 물

2. 다음 중 빙하가 없는 지역은?

① 유럽   ② 호주   ③ 아프리카

3. 튤립의 원산지는?

① 네덜란드   ② 터키   ③ 중국

1. ② 뜨거운 물

   수증기가 많고 점착성이 강하기 때문

2. ② 호주

   아프리카는 킬리만자로에 빙하가 있으나

   호주엔 없다

3. ② 터키

   튤립의 어원은 터키어 '툴리반드',

   16세기에 네덜란드로 전파

자, 어떤가요?
당신의 상식은 과연 믿을 만한가요?

참고 ・ 발터 크래머 외 (2000),《상식의 오류 사전》, 박영구 외 역, 경당

천재감독이 된
'비상식적' 애니메이터

1980년 캘리포니아 디즈니 작업실,

"안녕, 팀!"이라는 동료의 인사에도

어색한 표정을 풀지 못하는 직원은

한눈에도 어둡고 어눌해 보이는 신참 애니메이터였다.

그런데 그가 하루 종일 끄적거리고 있던 것은…

기괴스럽기만 한 그의 작품들을 본 동료들은 소리쳤다.

"이봐, 어려서 동화도 안 봤어?"

"백설공주, 인어공주같이 예쁘게 그리란 말이야!"

아름답고 착한 공주는 '디즈니의 상식!'

그런데 그의 공주는 이러한 상식과는 거리가 먼,

누더기를 걸친 유령이었다.

"무슨 이런 공주가 다 있어!"

기괴한 상상력을 인정받지 못했던

우울한 애니메이터, 그가 바로 '팀 버튼(Tim Burton)'이다.

'현재 전 세계 애니메이터들이 가장 선망하는 크리에이터!'

'독창적인 작품 세계로 인정받는 할리우드 천재감독!'

'흥행의 마술사!'

그를 수식하는 말은 너무도 많다.

팀 버튼은 말한다.

"사람들이 하라고 하는 일은 절대 하기 싫었습니다.

뭐든 제 방식대로 하고 싶었어요."

그렇게 그는 새로운 길을 찾아 디즈니를 떠나게 되었고
이후 숱한 히트작으로 전 세계 관객을 감동시켰다.

만약… 당시 디즈니가 그가 만든 새로운 피조물에
눈을 돌렸다면 어땠을까?
조금만 일찍 기존 동화에 대한 상식에서
벗어났었더라면 어땠을까?

기존의 상식에 안주한 당신,
오늘 어떤 기회를 놓치게 될지 모른다.

참고 • 크리스티안 프라가 (2007), 《고딕의 영상시인, 팀 버튼》, 김현우 역, 마음산책

여성을 해방시킨 '비상식적' 디자이너

1926년,

스케치를 마친 디자이너 샤넬(Gabrielle Chanel)은

'리틀 블랙 드레스(Little Black Dress)'라고 썼다.

철저히 배제된 장식, 남자들만 입던 블랙 컬러,

남성복에서 사용하는 직선 실루엣…

무엇보다 이 옷은 수백 년간 여성들을 죄어온

코르셋으로부터의 해방을 가져왔다.

샤넬의 혁신은 그뿐만이 아니었다.
남성의 전유물이자 여성들에게 금기시되어온
바지까지 여성복에 도입했고
'옷은 성별과 계급을 대변한다'는 고정관념을 깨트렸다.

"리틀 블랙 드레스는 '샤넬의 포드(Chanel's Ford)',
포드의 자동차처럼 혁명적인 일이다."
미국《보그》지는 이렇게 찬사를 보냈다.

샤넬이 만든, 비상식적인 옷!

바로 이 옷 덕분에
20세기 여성들은 행동의 자유, 표현의 자유,
계급으로부터의 자유를 제대로 맛보게 된 것이다.

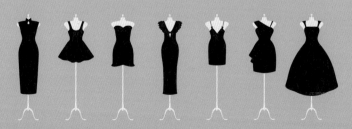

500년의 법칙을 허문 '비상식적' 화가

20대 초반의 파블로 피카소(Pablo Picasso),

고국 스페인을 떠나 파리로 왔지만

오갈 데 없는 상거지 신세…

30여 개 아틀리에가 모인 더러운 건물 맨 끝 방에서

피카소는 하루 종일 그림을 그렸다.

그렇게 2년이 지나고

그는 친구 화가들을 불러 작품 한 점을 보여준다.

2미터가 넘는 화폭에 담긴 다섯 명의 여인,

작품의 이름은 〈아비뇽의 처녀들〉

그런데 그 처녀들은 전혀! 아름답지 않다!

"이런 그림을 그리다니 차라리 죽지 그래?"

그렇다면 당시 잘 그린 그림이란 어떤 그림이었을까?

19세기 말 전통미술의 계승자

윌리엄 부그로(William-Adolphe Bouguereau)는

신화(神話), 안정된 구도, 완벽한 원근법,

해부학적 인물 표현에 정통한 그림을 그렸다.

윌리엄 부그로의 〈비너스의 탄생〉

파블로 피카소의 〈아비뇽의 처녀들〉

'잘 그린 그림'이라는 상식과는 너무도 다른,

그래서 쏟아진 친구들의 혹평에도 불구하고

피카소의 〈아비뇽의 처녀들〉은

곧 미술사에 커다란 획을 긋는다.

한 화면에 두 가지의 시점이 존재하는 입체적 그림!

"얼굴 안에는 무엇이 있을까?

 또 그 얼굴 뒤에는 무엇이 숨어 있을까?"

- 파블로 피카소

그것은 르네상스 이후 500년간 미술계를 지배해온

'원근법'을 무너뜨린 일대사건이었다.

이제 사람들은 이 작품을

'현대미술의 기원'이라 부른다.

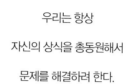

우리는 항상

자신의 상식을 총동원해서

문제를 해결하려 한다.

그러나

당신이 그 상식을 신봉하는 순간

이미 오류의 길로 접어들었는지도 모른다.

우리는 모든 것을 알 수 없고

이미 알고 있는 것도 완벽할 수 없다.

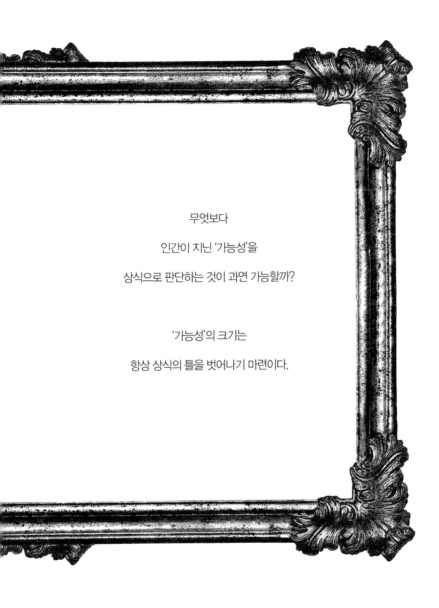

무엇보다

인간이 지닌 '가능성'을

상식으로 판단하는 것이 과연 가능할까?

'가능성'의 크기는

항상 상식의 틀을 벗어나기 마련이다.

'샤넬'이라는
전설

'20세기의 아이콘'으로 평가받는 가브리엘 코코 샤넬. 그녀가 없었다면 과연 현대 여성들은 무엇을 입고 살고 있을까?

일단 그녀가 창조해낸 발명품들을 보자. 우선, 퀼팅백으로 유명한 검정가죽 핸드백. 현재에도 여성들이 소유하고 싶은 넘버원 잇백(it bag)이다. 사실 이 가방이 나오기 전까지 핸드백이란 깃털이나 크리스털 등으로 화려하게 멋을 낸 주머니 모양의 장식품에 지나지 않았다. 그런데 코코 샤넬은 가죽을 이용해 사각 형태를 만든 후 사용하기 편하게 포켓을 달고, 어깨에 맬 수 있는 끈까지 달았다. 핸드백이 '장식품'에서 여성들의 활동에 도움을 주는 '필수품'이 된 것이다. 다음으로 남성에게만 허용되었던 바지, 세일러복, 스웨터, 카디건, 재킷 등도 여성을 위해 재창조한 아이템들. 색상도 여성복에서는 기피해온 '블랙' 컬러를 도입하는 등 상식을 뒤집었다. 그리고 이런 작품들 중에서도 대표작이 바로 '리틀 블랙 드레스'이다.

'리틀 블랙 드레스'… 기존 드레스 같은 화려한 장식도 없고, 허리를 질끈 졸라매 S라인을 극대화한 것도 아니었는데, 왜 당시 여성들은 이 옷에 열광했을까?

역사상 가장 화려한 패션의 순간을 기록한 마리 앙투아네트. 1미터가 훌쩍 넘는 머리장식, 몇십 미터의 실크를 사용했다는 화려한 드레스… 하지만 사람들은 그녀의 패션을 최고의 패션이라고 말하지 않는다. 왜 그럴까? 이유는 간단하다. 그런 머리와 옷을 꾸미고 할 수 있는 일이 거의 없기 때문이다. 예쁘게 차려입고 파티의 장식품 역할이나 하는 그런 옷은 매력적이지가 않다. 그저 보여주기 위해 존재하는 옷이다. 하지만 샤넬이 만든 옷은 그렇지 않다. 활동에 불평함이 없도록 허리를 여유롭게 디자인하고 편안한 소재로 만든 심플한 리틀 블랙 드레스는 여성 스스로를 위해 입는 옷이었다. 화려한 장식으로 계급을 뽐내지도 않는 옷이었다. 그들이 지닌 지성과 주체성을 드러내는 옷이었던 것이다.

세계 3대 패션쇼 중에서도 최고의 런웨이로 꼽히는 파리 콜렉션. 그곳에서 아직도 샤넬은 독보적인 존재감을 뽐내고 있다. 전설이 된 디자이너, 코코 샤넬! 그녀가 만든 것은 옷이 아니라 금기에 대한 도전 그리고 상식을 뛰어넘는 혁신이었다.

03

세상을
바꾸는 힘,
실행력

'퍼스트 펭귄(First penguin)'

처음 바다에 뛰어든 펭귄

위험을 감수하고

용감하게 도전하는 '선구자'

동료들이 망설이는 가운데

과감히 뛰어든 '퍼스트 펭귄'은

먹잇감을 얻는 데 우위를 점할 수 있다.

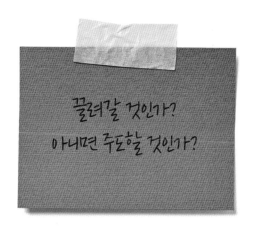

끌려갈 것인가?
아니면 주도할 것인가?

당대 최고의 과학자를
이긴 자전거포 주인

1903년 10월 7일, 미국 워싱턴 포토맥 강가에
수많은 인파들이 모였다.

정부와 군, 대학의 유명 인사에서부터 유력 일간지 기자들까지
모두가 숨죽이며 곧 맞이하게 될 역사적 순간을 기다렸다.

무인발사체 비행에 최초로 성공한
새뮤얼 랭글리(Samuel Langley) 박사의 유인비행체 발사 성공을
두 눈으로 직접 보기 위해서였다.

운명의 카운트다운이 시작되었다.

3, 2, 1

하지만 결과는 참담했다.

국방성이 5만 달러나 투자한 비행체는

그대로 강물 속으로 곤두박질치고 말았다.

그로부터 2개월 남짓 후, 1903년 12월 17일 12시 정각

미국 캐롤라이나 주 키티호크 해변에서

두 명의 형제가 기괴한 물체와 씨름하기 시작했다.

사람들의 관심 밖,

단지 동네사람 몇몇이 그 자리를 지켰을 뿐이다.

그러나 잠시 후 고요한 탄성이 터져 나왔다.

라이트 형제의 형 윌버가 몇 번의 시도 끝에

플라이어(Flyer)호를 타고 59초 동안 260미터를 날아

최초로 유인비행에 성공한 것이다.

유인비행을 위해 17년을 바친 당대 최고의 과학자를

고작 4년 준비한 무명의 형제가 이긴 것이다.

이들의 실패와 성공에는

과연 어떤 차이가 있었던 것일까?

사무엘 랭글리 박사는 비행을 위해

분석에만 초점을 두었다.

이론에 기반을 둔 엔진 개발에만 몰두하여

비행기 무게와 엔진 동력을 계산하는 데에

많은 시간을 허비한 채 제대로 연습비행조차 하지 않았다.

이와는 달리 자전거포 주인이었던 라이트 형제는

직접 몸으로 체험하며 공기역학을 터득했다.

용기 있는 과감한 도전으로

비행을 하기 위해 실제로 무엇이 필요한지

몸소 익혀나간 것이다.

먼저 과감히 실행한 자가

이처럼 우위를 점할 수 있다.

라이트 형제가 먼저 하늘을 날 수 있었던 비결,

그것은 곧 머리에서 벗어나

먼저 몸으로 뛰어든 실행력에 있었던 것이다!

참고 • 이어령 (2009), 《젊음의 탄생》, 생각의나무
• 이병주 (2012), 《촉, 미세한 변화를 감지하는 동물적인 감각》, 가디언

'희망의 영웅'으로 재탄생한 퇴출마(馬)의 비밀

1930년대 대공황기 미국,
'시비스킷(Seabiscuit)'이라는 경주마가 있었다.

20세기의 전설적인 명마 '맨오워(Man o' War)'의 손자 말로
최고의 혈통을 가졌지만
작은 몸집, 구부정한 앞무릎, 게으른 천성, 명령 불복종 등
경주마로는 부적격 판정을 받았다.

조련사들은 시비스킷이 가진 단점부터 보았고
겨우 다른 말의 자신감을 높이는 훈련 파트너로 이용할 뿐,
그마저도 다루기 힘든 성질에 힘겨워했다.

그러던 1936년 8월 어느 날,
실패한 사업가, 마주(馬主) '찰스 하워드'
외톨이 카우보이, 조련사 '톰 스미스'
삼류 권투선수, 기수 '레드 폴라스'
세 사람이 의기투합했다.

전문가도 포기한 과업,
게다가 경험도 없고 지식도 부족했지만
이들은 시비스킷을 명마로 키우기 위한 도전을 시작했다.
단점보다는 남들이 간과한 투지와 스피드 등
강점에 주목한 것이다.

"그래, 한번 해보는 거야!"

다른 조련사가 중도에 포기한 말을 다시 길들이기란
여간 힘든 일이 아니었다.
시비스킷은 걸핏하면 포악한 성질을 드러내며
돌발행동을 일삼았고
연습 도중에 잠들어버리기 일쑤였다.

하지만 이들 세 사람은 포기하지 않았다.

채찍을 드는 대신 끝까지 격려하며

몸에 굳어져버린 나쁜 습관들을

하나하나 바꿔 나가기 시작했다.

그리고 엇비슷한 실력의 말을 이용해

승부욕을 자극하며 경쟁심을 고취했다.

이들은 부족했지만 마치 삼총사처럼 하나가 되어

투지를 불태우며 최선을 다했다. 이러한 정성 덕분에

그저 '조금 더 큰 조랑말'로 불리며 홀대받던 말은

점차 근성 있는 경주마로 변해갔다.

그리고 2년이 지난 1938년 11월 1일, 마침내

명마 '워애드머럴(War Admiral)'과 1대1 승부를 펼치게 되었다.

워애드머럴은 미국 3대 경마 레이스에서 우승,

이른바 트리플크라운의 위업을 달성한 챔피언이었다.

당연하게도 모두가 워애드머럴의 우승을 점치는 가운데

당시 워애드머럴의 배팅률은 95%에 달했다.

그러나 뜻밖에도 경기는 매우 치열했다.
시비스킷은 챔피언의 스피드와 투지에
전혀 주눅 들지 않고 맹렬하게 따라 붙었다.

이윽고, 놀랄 만한 일이 벌어졌다.
극적이게도 4마신(馬身)의 차이로
'조랑말'이 '당대 최고'를 꺾은 것이다.

시비스킷은 총 6년 동안 89전 33승, 2착 15회,
13개 트랙에서 신기록 달성이라는 기록을 세우며
전설의 명마로 이름을 남기게 되었다.

세 사람이 단결해 도전에 나서지 않았더라면
신화는 결코 만들어지지 않았을 것이다.

참고 • 로라 힐렌브랜드 (2003).《시비스킷, 신대륙의 전설》, 김지형 역, 바이오프레스

명마 시비스킷의 성공 비결은

하나로 똘똘 뭉친 실행력!

세상을 움직이는 것은

마음속의 생각이 아닌 용감한 실행이다.

실패가 두려워 망설여지는가?

바로 지금!

최선을 다해!

다함께!

실행한다면

미래를 바꿀 수 있다.

천 개의 아이디어보다 값진 것은

단 한 번의 실행이다.

04

성공에
이르는
가장 값진 길

제1회 SERICEO 콘텐츠 아이디어 공모전 은상 수상작(유영호)

1861년 에이브러햄 링컨,

18번의 도전 끝에 대통령 당선

1903년 라이트 형제,

805번의 도전 끝에 비행 성공

1879년 에디슨,

수천 번 이상의 도전 끝에 전구 발명

그들의 도전과 실패가 없었다면

지금 이 세상에는

빛도, 비행기도, 평등도 없었을 것이다.

나와 우리를 바꾸는 아름다운 시작,

'도전!'

기회의 다른 이름,
도전

지독히도 가난한 집의 넷째아이로 태어난 남자가 있었다.
남자는 가난 때문에 부모에게 버려져 여러 집을 전전하며
우수한 성적에도 대학 진학을 포기한 채 생계를 위해
의료기기 사업에 뛰어든다.

그러나 경제불황으로 대실패, 이어진 파산…
아내마저 그를 떠났고 두 살배기 아들과
지하철 화장실을 전전하는 노숙자 신세가 되고 만다.

그러던 어느 날 남자는 우연히
증권 중개소의 인턴십 공고를 보게 된다.

'내가 어떻게 하겠어?

난 가난하고 배우지도 못했고 게다가 흑인인데…'

포기하고 발걸음을 돌리려는 순간,

그의 도전 본능이 꿈틀거렸다.

'그래! 도전해보는 거야.

나는 Homeless지만 Hopeless는 아니야!'

도전은 그에게 황금 같은 기회를 가져다주었다.

인턴십 합격이라는 기적이 일어난 것이다.

남자는 정말 열심히 일했다.

화장실 가는 시간을 아끼려고 물도 마시지 않았고

하루 200명 이상의 고객들과 통화하겠다는 다짐을

단 하루도 어기지 않았다.

그의 성실한 태도는 또 다른 기회로 연결되었다.

대형 투자사 베어스턴스의 대표가 스카우트를 제안한 것이다.

"우리 회사에서 일해보겠나?"

남자는 스카우트 4년 만에 독립회사를 설립하기에 이르렀고
이 회사는 10년 후 1천만 달러의 수익을 내는
세계 굴지의 투자전문 회사로 성장한다.
가드너 리치 앤 컴퍼니의 설립자이자
2억 달러의 억만장자 크리스 가드너(Chris Gardner).

"나는 어쩌면 태어난 것부터가 실패였는지도 모릅니다.
그러나 과거의 끔찍했던 실패들 덕분에
목표에 더욱더 집중할 수 있었습니다."

참고 • http://www.chrisgardnermedia.com/

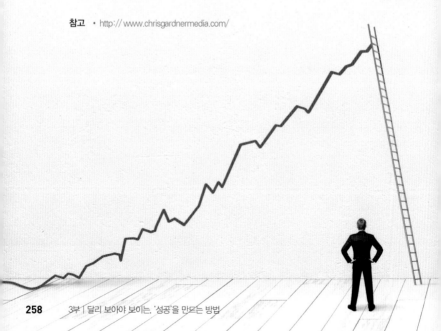

실패란 더 이상
도전하지 않는 것

일본 의류업계를 대표하는 유니클로(UNIQLO)는

2009년 일본 내 의류 브랜드 선호 조사에서

루이비통을 제치고 2위로 선정될 만큼 입지가 튼튼한 기업이다.

그런데 이런 유니클로도

실패에 실패만을 거듭하던 시절이 있었다.

1994년 12월 뉴욕에 자회사를 설립했으나

뉴욕 디자이너와 본국 담당자 간 소통이 부족해 실패,

1996년에는 아동복 브랜드를 인수·합병했지만

일체형 경영에 서툴러 역시 실패,

1997년에는 스포클로와 패미클로를 론칭해

스포츠룩과 페미닌룩을 특화하려 했지만

차별성이 부족해 역시 실패…

유니클로의 역사는 실패의 역사라 해도 과언이 아니다.

유니클로는 2000년대 들어서면서부터

과거 실패 경험들을 바탕으로 문제 해결에 나선다.

옷에 형형색색의 컬러를 입히고

제품 라인을 하나로 통일하고

실용성을 강조했다.

결과는 놀라웠다.

2010년 회계연도 매출 8,148억 엔으로

전년 대비 18.9%가 증가한 것이다.

창사 후 최초로 1일 매출액 100억 엔을

돌파한 것도 바로 이때이다(11월 22일).

실패를 거듭하면서 쌓였던 경험과 노하우가

일정 시간이 지나 폭발적으로 그 힘을 발휘한 것이다.

유니클로의 회장 야나이 다다시(柳井正)는 이렇게 말한다.

"나의 성공비결은 실패이다.

실패하지 않는 경영자는 경영자가 아니다.

도전하고 실패하고 또 도전하라!"

WE CAN

참고 • 김성호 (2010), 《1승 9패 유니클로처럼》, 위즈덤하우스

실패 = 도전 = 성공

미국 미시건 주에는 '실패박물관'이 있다.

소비자의 외면으로 시장에서 사라진

10만여 점의 실패 상품들이 전시되어 있는 곳이다.

재미있는 것은 글로벌 기업의 경영진들이 이곳을

자주 찾아온다는 사실이다.

그 이유는 무엇일까?

이곳이

'실패박물관'이자

동시에

'도전박물관'이기

때문이다.

실패와 도전, 그리고 성공…
이 단어들은, 설령 반대편에
있는 듯 보일지라도,
모두 같은 뜻으로 읽힌다.

빌 게이츠는 실패한 기업에 몸담았던 간부를
의도적으로 채용한 바 있으며,
스탠포드대학의 티나 실리그(Tina Seelig) 교수는
학생들에게 '실패 이력서'를 쓰도록 권한다.

"실패는 미래의 같은 실수를 피하게 하죠.
당신이 이따금 실패하지 않는다면 그것은 당신의 도전이
충분하지 않다는 것을 의미합니다."

– 티나 실리그

참고 • GFK New Product Works, http://www.gfkamerica.com/
• "빌 게이츠가 선호하는 인재상은" (2008. 9. 8.), 《머니투데이》
• "Learning from Failure" (2006. 4. 12.), Stanford University's Entrepreneurship Corner

실패와 도전,

이보다 더 값진 재산은 없다.

더 많이 실패하고,

더 많이 도전하라!

그만큼 성공이 가까이 와 있다.

"나는 실패를 한 것이 아니다.

단지 전구가 켜지지 않는 1만 가지 이유를 안 것이다."

– 토머스 에디슨

실패박물관

실패박물관의 정식 명칭은 '뉴 프로덕트 웍스(New Product Works)'로 미국 미시건 주 앤아버에 위치하고 있다. 실패박물관은 아버전략그룹(Arbor Strategy Group)에서 운영 중인데, 원래는 마케팅 구루(guru)인 로버트 맥매스(Robert Mcmath)가 40여 년에 걸쳐 수집한 7만여 개의 제품들을 아버전략그룹에서 2001년 구입한 것이다.

현재는 총 300개의 카테고리, 10만여 개의 제품들이 전시되고 있다. 주로 생필품 위주이며 치약, 샴푸, 세제 등과 식료품 패키지들이 전시되어 있다. 네슬레, 크래프트푸드, 켈로그 등 세계 굴지의 기업들이 자주 찾는 것으로 유명한데, 이들 기업의 제품개발 담당자들은 실패박물관의 전시관을 거닐며 신제품에 대한 영감을 얻는다고 한다.

재미있는 점은 전시된 실패작의 핵심 아이디어가 그대로 적용된 새 제품이 존재한다는 사실이다. 바로, 샐러드 스프레이다. 샐러드 드레싱을 스프레이 방식 용기에 넣어 활용하는 것이다. 이 제품은 원래 1989년 리처드 시몬스 샐러드 스프레이로 출시된 적이 있다. 그러나 소비자들의 거부감 때문에 실패하고 만다.

그런데 이와 똑같은 제품이 2006년 출시되었다. 위시본(WishBone)사에서 출시한 샐러드 스프리저가 그것이다. 이때의 반응은 20년 전과 달랐다. 스프레이식이라 드레싱을 야채에 아주 얇게 뿌릴 수 있어 다이어트에 효과적이라는 것이 그 이유였다. 드레싱을 스프레이 방식으로 뿌린다는 아이디어는 현재 오븐 요리의 표면을 촉촉하게 하거나 소스를 여러 번 덧발라야 하는 요리법에서 많이 활용되고 있다.

이쪽 분야에서는 실패했던 일이 저쪽 분야에서는 성공 요인이 될 수도 있고, 과거에는 인기를 끌지 못했던 제품이 미래에는 인기 돌풍을 몰고 올 수도 있다. 그 때문에 한 번 실패했다고 해서 그것을 완전히 폐기하거나 잊어서는 안 된다. 오늘의 실패 경험이 내일의 성공 요인이다.

05

|

금지된 것에 대한 열망, 유도저항

"싫어"

"몰라"

"안 해"

하라면 안 하고 하지 말라면 하는 10대,

그래서 10대를 청개구리라 했던가…

그런데

이러한 청개구리 심리는

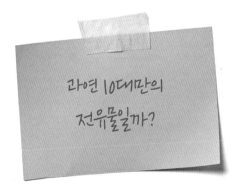

과연 10대만의
전유물일까?

나는 소망한다, 내게 금지된 것을…

1972년 미국 마이애미 주의 한 마트,

사람들은 '그것'을

손에 잡히는 대로 카트에 담았다.

1+1 이벤트? 파격가 세일?

… 아니, 모두 틀렸다.

오늘이 '그것'을 구입할 수 있는 마지막 기회!

내일부터 '그것'을 살 수 있는 마트는 더 이상 없다.

도대체 '그것'은 무엇이었을까?

바로… 인산염이 포함된 세탁용 세제.

인산염?

그것이 무엇이기에 사람들이 법석을 떨었던 것일까?

인산염은 물을 단물로 바꾸어 세정력을 높여주는
화학물질이었지만, 하수도로 흘러가면 이끼가 급격히 늘어나
하수구가 막히고 주변 생물의 질식사를 유발했다.
그 때문에 미국 정부는 법으로
인산염이 든 세제의 사용과 판매를 금지했다.
이 법이 최초로 시행된 곳이 바로 마이애미 주였다.

그런데 금지령이 발표된 후 의외의 움직임이 나타났다.
인산염이 든 세제의 사재기가 기승을 부리더니
법이 시행된 다음에는 인근의 다른 주에서
세제를 밀반입하는 사태까지 벌어진 것이다!

당시 인산염은 세정 효과를 가진 유일한 화학물질이 아니었다.
더욱이 탄산염 등으로 인산염을 대체하여 만든
세척력 좋은 세재가 시중에서 이미 판매되고 있었다.

그런데 왜…?
술도 아니고 마약도 아니고 고작 세제일 뿐이었지만
그것은 일종의 '금주법'과도 같았던 것이다.

금지된 것에 대한 열망,

하지 말라고 하면 더 하고 싶고

점점 더 간절히 원하게 되는 것,

유. 도. 저. 항(Reactance)!

유도저항은

미국 심리학자 잭 브렘(Jack Brehm)이 제시한 개념으로

'선택의 자유'가 제거되거나 위협받으면

이전보다 자유를 더 강하게 원하게 되는 상태를 말한다.

'유도저항 = 선택권에 대한 인간의 본능'인 것이다.

그런데 이러한 유도저항은 간혹

인간의 합리적인 선택을 방해한다.

더 안전하고 세정력이 좋은 세제가 있음에도 불구하고

굳이 금지된 세제를 밀반입하는 사람들처럼…

관점을 달리하면,

이는 유도저항을 잘 활용하면

소비자의 마음을 움직일 수 있음을 보여준다.

'선택의 자유를 제한함으로써

소비자의 심리적 저항에 불씨를 지피는 것'이다.

참고　• 쉬나 아이엔가 (2010), 《쉬나의 선택 실험실》, 오혜경 역, 21세기북스

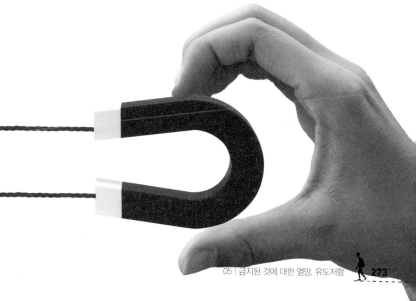

유도저항을 만드는 법

1. 수량을 제한하라!

세상에는 두 종류의 상품이 있다.

언제 어디서든 자유롭게 구매할 수 있는 상품과

그렇지 않은 상품, 즉 '리미티드 에디션(Limited Edition)'

'리미티드 에디션'의 원리는 간단하다.

'누구나, 언제든 살 수 있는 자유'를 제한하며

소비자들의 열광, 즉 '유도저항'을 이끌어내는 것이다.

대표적인 예가

'몽블랑 라이터스 에디션(Montblanc Writers Edition)'

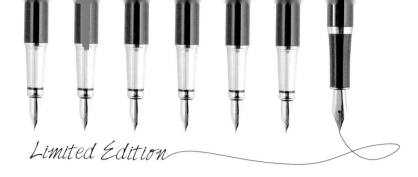

Limited Edition

150가지 공정, 6주 동안 수작업으로 완성되는 명품

플래티넘으로 상감처리된 18k 금 펜촉

1992년부터 해마다 유명 작가들의 이름을 붙여

4,810자루만을 한정 생산

생산 후에는 만일을 위해 금형까지도 폐기

몽블랑의 상징 '4810'

알프스 산맥의 최고봉 몽블랑의 높이 4,810미터

1929년부터 몽블랑은 펜촉에 '4810'이라는 숫자를 새겨 넣어

만년필의 최고봉이 되겠다는 의지를 표현

몽블랑 라이터스 에디션의 '4810'

이 세상에 4,810자루 밖에 없다는 뜻

'최고'라는 것에 더해 '희소가치'를 부여하는 전략!

그렇다면 리미티드 에디션은 명품에만 있는 것일까?

천만의 말씀!

찬바람이 싸늘하게 두 뺨을 스치면

사람들의 발길을 남대문으로 향하게 하는 것이 있다.

설탕 대신 야채를 넣어

센세이션을 일으킨 호떡계의 반항아,

바로 '야채호떡'이다.

줄이 길수록 호떡은 더디 익는 법

호떡 하나 먹자고 선 줄이 남대문을 두 바퀴나 돌 때도 있다.

어디 그뿐인가?

"기다리는 분이 많으니 한 사람당 두 개 이상은 팔지 않습니다."

한 시간이 넘도록 줄을 서서라도

호떡 두 개를 손에 넣을 수만 있다면 그나마 다행,

오후 2시가 넘으면

호떡 품절 사태를 각오해야 한다.

"속재료가 떨어지는 순간, 영업종료입니다."

오만불손한 호떡

그래서 더더욱 먹고 싶은 호떡!

오늘도 리미티드 에디션 호떡집에는 불이 난다.

2. 시간과 공간을 제한하라!

"정녕 KTX 타고 서울까지 가야만 살 수 있나요?"

"언제, 어디서나 살 수 있다면 우리 제품이 아니죠.
우리는 '그때 그곳'에서만 팝니다."

세상에!
클릭 몇 번만 하면 어떤 물건이든 안방까지 대령하는 지금,
이 오만불손한 물건을 대체 누가 사겠는가?

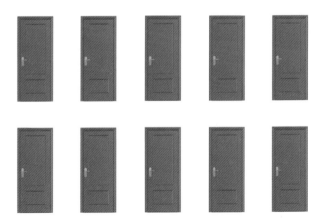

'구호플러스'

패션 브랜드 '구호'의 한정판 라인

정규 매장이 아닌 팝업 스토어(pop-up store)

즉, 한시적으로 운영되는 게릴라식 간이매장에서만 판매.

매장이 넓은 것도 아니고

인테리어가 고급스러운 것도 아니고

그렇다고 목이 좋은 곳에 자리 잡은 것도 아닌데

이상하게 손님이 몰린다!

한정된 시공간, 특별한 상품

그리고 재미가 바로 팝업 스토어의 힘이다!

고객의 마음이 움직이는 원리를 들여다보라.

고객의 머릿속은 물론

마음 깊숙한 곳까지 침투하여

내밀한 욕망을 찾으라.

그것이 바로 유도저항의 열쇠!

돈으로 환산할 수 없는 무한의 가치

유도저항을 일으킬 수만 있다면

고객의 '열광'을 끌어낼 수 있을 것이다.

06

100 − 1 = 0

미국 스탠포드대학 필립 짐바르도(Philip Zimbardo) 교수는

1969년 재미있는 실험을 진행했다.

한적한 골목에

보닛을 열어놓은 자동차 두 대를 세워둔 다음

한 자동차만 유리창을 조금 깨뜨렸다.

일주일 후,

유리창에 손대지 않은 자동차는

처음과 별로 달라지지 않았지만

유리창을 조금 깨뜨린 다른 자동차는

형체를 알아보기 힘들 정도로 파손되어 있었다.

이른바 '깨진 유리창의 법칙'!

사소한 문제가 치명적 결과를 불러오기도 한다.

0.74℃가 만들어낸
예기치 못한 불행

"약 3분의 1에서 절반 정도의 북극곰이

향후 45년 안에 사라질 것이다."

– 세계자연보전연맹

북극곰이 멸종위기에 처했다.

남극의 주인, 황제펭귄 역시 마찬가지다.

지난 50년 동안 황제펭귄의 개체 수는

거의 절반 가까이 감소했다.

"2100년에는 몰디브에 사람이 살 수 없을 것이다."

– 유엔 기후변화위원회

해발고도가 1미터보다 낮은 섬이 80% 이상인
몰디브는 수몰 위기에 처했으며,
국토의 97%가 사막화된 몽골의 유목민도
삶의 터전을 빼앗겼다.

우리는 모두 이 치명적인 재앙을 야기한 것이
'지구온난화'라는 사실을 잘 알고 있다.
하지만 지난 100년 동안 상승한 지구의 연평균 기온이
'불과 0.74°C'라는 사실을 알고 있는 사람은 많지 않다.

1°C도 되지 않는 사소한 차이가
이토록이나 엄청난 불행을
가져오는 것이다.

'100 − 1 = 99'라고?
아니다.
'100 − 1 = 0'이다!

참고 • 이명진 (2011. 12. 12.), '기후 정보 통합시스템 필요하다', 《디지털타임스》

사소한 차이가 가져다준 뜻밖의 행운

1961년 4월 12일,

인류 역사상 '최초의 우주인'이 탄생했다.

세계 최초의 유인우주선 보스토크 1호를 타고

89분 동안 지구를 한 바퀴 돈 다음 무사귀환한

최초의 우주인, 유리 가가린(Yurii Gagarin).

그는 어떻게 '최초의 우주인'이 되었을까?

탑승자 최종결정 1주일 전,

역사에 기록되길 원했던 스무 명의 지원자들에게

보스토크 1호에 직접 타볼 기회가 주어졌다.

지원자들이 하나둘 차례로 우주선에 탑승하는 가운데
가가린도 떨리는 마음으로 보스토크 1호에 올랐다.

그런데 바로 이때!
보스토크 1호를 설계한 기술자,
세르게이 코롤료프의 시선을 잡아끄는 것이 있었다.
신발을 벗은 가가린의 발이었다.

코롤료프는 당시를 이렇게 회상했다.

"양말만 신은 가가린의 모습에서 신뢰감이 느껴졌다.

그가 우주선을 얼마나 소중하게 생각하는지 알 수 있었다."

신발을 벗고 우주선에 오른 '너무나 사소한 행동 하나',

그 하나가 스물일곱 살 젊은 청년 유리 가가린을

역사로 하여금 영원히 기억하게 만들었다.

참고 • 왕중추 (2011), 《작지만 강력한 디테일의 힘》, 허유영 역, 올림

운명을 바꾼
작은 친절

소나기를 만난 한 노부인이

비를 피하기 위해 백화점에 들어섰다.

수수한 옷차림에 헝클어진 머리…

비에 흠씬 젖어 추레한 노부인에게

직원들은 눈곱만큼의 관심도 보이지 않았다.

'물건도 안 사면서 뻔뻔하게 비만 피하겠다는 거야?'

직원들의 눈총에 노부인은 안절부절못했다.

그런데 바로 그 순간!

어쩔 줄 몰라 하는 노부인에게 한 남자가 다가섰다.

말단 직원 페리였다.

"부인, 무엇을 도와드릴까요?"

"비가 그칠 때까지 의자에 앉아서 편안히 기다리세요."
페리의 친절함 덕분에 무사히 비를 피한 노부인은
두 시간 뒤 소나기가 그치자 백화점을 나섰다.

그리고 몇 달 후,
백화점 사장에게 한 통의 편지가 도착했다.
백화점과 계약을 체결하고 싶다는 내용이었다.
무려 2년 치 연매출에 해당하는 거액의 주문!
거기에는 하나의 조건이 붙어 있었다.

"단, 페리 씨가 모든 계약을 담당해야 합니다."

편지를 보낸 사람은
백화점에서 비를 피했던 노부인이었다.
그녀의 이름은 마가렛 모리슨 카네기,
백만장자 철강왕, 앤드류 카네기의 어머니였다.

말단 직원이었던 페리가 백화점의 파트너로 승진한 것은
그의 나이 스물두 살 때의 일이다.

비에 젖은 노부인에게 베푼 '너무나 작은 친절 하나',
그 하나가 별 볼일 없던 스물두 살 청년의 운명을
송두리째 바꾸어버렸다.

'100 + 1 = 101'이라고?
아니다.
'100 + 1 = ∞'이다!

참고 • 왕중추 (2011), 《작지만 강력한 디테일의 힘》, 허유영 역, 올림

3부 | 달리 보이야 보이는, '성공'을 만드는 방법

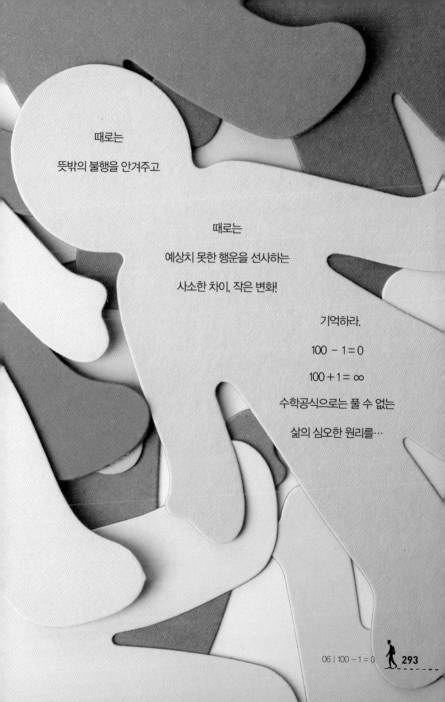

때로는

뜻밖의 불행을 안겨주고

때로는

예상치 못한 행운을 선사하는

사소한 차이, 작은 변화!

기억하라.

$$100 - 1 = 0$$

$$100 + 1 = \infty$$

수학공식으로는 풀 수 없는

삶의 심오한 원리를…

07

축배의 잔

미국 월드시리즈 우승 10회를 이끈

뉴욕양키즈의 전설적인 야구선수

요기 베라(Lawrence Peter Berra)는 이렇게 말했다.

"항상 긴장하라! 끝날 때까지 끝난 게 아니다."

일본에서 '경영의 신'으로 불리는

이나모리 가즈오(稻盛和夫) 교세라 회장은 이렇게 밝혔다.

"나의 성공비결은 지난 성공을 빨리 잊는 것이다."

미국 CNN의 최장수 토크쇼 진행자

래리 킹(Larry King)은 이렇게 답했다.

"내가 사람들에게 오래 사랑받은 이유는

잘나갈 때에도 아는 척하지 않았기 때문이다."

이처럼 위대한 영웅들이

축배를 아낀 까닭은 무엇일까?

성급한 축배가
불러온 불행

2010년 10월 27일

'세계 롤러 스피드 스케이팅 선수권대회' 2만 미터 결승전,

콜롬비아의 알렉스 쿠야반떼(Alex Cujavante) 선수가

결승선을 눈앞에 둔 채 허리를 펴고 두 손을 번쩍 들어올렸다.

승리를 확신하며 우승 세리머니를 펼친 것이다.

그러나 불과 몇 초 뒤,

그는 힘없이 두 손을 떨어뜨릴 수밖에 없었다.

우승 세리머니에 열중하느라 방심한 탓에

2위로 뒤따라온 한국의 이상철 선수에게

막판역전을 당한 것이다.

이후 그는 한동안

'멍청한 스케이터'라는 별명에 시달려야 했다.

너무 일찍 들었던 축배의 잔이

독배의 잔으로 바뀐,

참으로 어처구니없는 장면.

하지만 그저 웃고 지나칠 수 없는 것은

이렇게 운명이 뒤바뀌는 기막힌 역전극이

우리 인생과 비즈니스 세계에 너무도 많기 때문이다!

http://www.youtube.com/watch?v=7foyHiVMVBk

9회에
역전이 많은 이유

1950년부터 2006년까지

히말라야 등정에 성공한 사람은 총 2,854명

하지만 그만큼 추락사도 많아서 255명이 등정 도중에 사망

그렇다면 어떤 구간에서 불운의 사고가 가장 많이 일어났을까?

놀랍게도 추락사가 가장 많은 구간은

정상을 밟은 직후!

48%가 넘는 123명이 이 구간에서 추락해 사망했다.

정상을 정복한 승리자에서 한순간 추락자로 전락한 것이다.

히말라야 산악인들 사이에는 이런 경구가 회자된다.

"히말라야는 자만을 받아들이지 않는다."

승리감이 절정을 이루는 정상은 자만의 농도 또한 극치다.

정상을 밟은 직후 극도의 긴장감은 일순간 풀리고

산을 오를 때의 야성과 예리함은 마비되기 쉽다.

결국 승리에 대한 도취가

독배의 잔이 되어 운명을 전복시키는 것이다.

야구의 세계에도 비슷한 일이 일어난다.

2009년 한국 프로야구 정규리그 총 532경기 중에

역전은 325번.

역전이 특히 많은 두 구간은?

바로 기량이 가장 왕성한 3~5회, 그리고 마지막 9회!

9회에 역전이 많은 이유는 뭘까?

무엇보다 9회는 대결구도가 다르다.

경기 초반에는 대등한 상황에서 대결하지만

마지막 9회는 앞서는 팀과 뒤지는 팀의 대결이다.

앞선 팀은 현상유지만 하면 이기지만

뒤진 팀은 무조건 득점을 해야 하는 절체절명의 상황,

투입에너지가 다를 수밖에 없다.

결국 앞서고 있다는 안도감이 독배가 되어

전세를 역전시킬 빌미를 주게 되는 것이다.

승리를 앞두고 벌어지는 9회 끝내기 역전,

그리고 정상을 정복하고 나서 찾아오는 비운의 추락,

이 모두가 전하는 메시지는 같다.

바로 '교병필패(驕兵必敗)!'

즉, 강병을 자랑하는 군대나 싸움에 이기고 뽐내는 군사는

반드시 패한다는 것이다.

성공의 가도에서
만나게 되는 위험

《좋은 기업을 넘어 위대한 기업으로》를 쓴

짐 콜린스(Jim Collins)는 이렇게 말한다.

"성공에 대한 도취가 날카로운 이성을 압도할 때

몰락이 찾아오기 시작한다."

이 말을 증명하는 사례는 수도 없이 많다.

1980년 뱅크오브아메리카는

6억 달러 이상의 순수익을 벌어들이며 정점을 찍었다.

그러나 추락이 시작된 시점도 바로 이때였다.

뱅크오브아메리카는 이 무렵부터

찰스 슈왑과 시퍼스트은행을 사들이는 등

무분별한 확장을 일삼았고,

불과 몇 년 뒤인 1985~1987년

은행 역사상

가장 큰 손실을 기록했다.

1990년대 단 10년 만에

연매출 50억 달러에서

270달러로 회사를 키운

모토롤라의 사례도 비슷하다.

1995년 모토롤라는

초소형 스타텍 단말기를 출시했다.

당시 무선통신시장은 아날로그에서

디지털로 이동하는 시기였는데,

스타텍 단말기는 아날로그 방식이었다.

하지만 모토롤라 임원들은

4,300만 명의 아날로그 고객이 있는데

무엇이 걱정이냐며 변화를 경시했다.

결국 50%에 육박하던

모토롤라의 휴대전화 시장점유율은

1999년 17%로 추락하고 만다.

살아가면서 반드시 간직해야 할 것,

바로 '잘나갈 때 조심'하는 마음가짐!

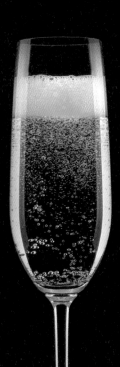

축배의 잔은 결국

높은 곳에서 더 엎드리고,

앞설 때 더 분발하고,

잘나갈 때 더 겸손한 자의 것이다.

진짜 축배의 잔을 부딪치는

겸허한 승리자가 되기를 바란다.

08

업(業)의
재정립

"경영자가 사업을 잘하기 위해서는 가장 먼저
'우리의 사업은 무엇인가?'라는 질문에 대해
간단명료하게 답할 수 있어야 한다."

경영학의 대가 피터 드러커(Peter Drucker)는
'업(業)의 본질'의 중요성을
이렇게 역설했다.

즉, 성공하기 위해서는
업의 본질과 특성을 정확하게 파악해
입체적으로 접근해야 하는 것이다.

끊임없이 성장하기 위해
업의 개념을 새롭게 정의하라!

참고 · 김종현 (2006), 《새로운 업의 발견》, 삼성경제연구소

업의 재정립 1.
Customer

고객을 어떻게 정의하느냐에 따라

업의 본질이 달라진다?!

1980년대 이전,

라스베이거스는 도박꾼과 범죄자의 소굴이었다.

게다가 새로 건설된 뉴저지 주 애틀랜틱시티 카지노의

거센 도전으로 침체 위험에까지 빠지게 된다.

하지만 한 사람의 등장이 상황을 바꿔놓는다.

그 주인공은 바로 자신의 업을 재정립한

스티브 윈(Steve Wynn).

빙고게임점을 운영하던 아버지 밑에서 자란 그는

어린 시절부터 일찌감치 카지노게임을 접했다.

그리고 열 살 때 아버지를 따라

처음으로 라스베이거스를 방문하면서

원대한 꿈을 키우게 된다.

'도박꾼이 넘쳐나는 어둠의 도시 라스베이거스를

모두가 찾는 관광도시로 변화시키자!'

그는 자신의 고객을 도박꾼이 아닌

모든 관광객으로 재설정했다.

그리고 이처럼 새롭게 정의한 고객들을 위해

관광지에서나 볼 수 있는 호텔을 세우기 시작했다.

1989년,

불을 뿜는 인공화산과

코끼리, 흰 호랑이 등 희귀동물을 전시한

미라지 호텔 개관

(공사비 6억 3천만 달러)

1993년,

캐리비언 해적선을 그대로 옮겨놓은 듯한

트레저아일랜드 호텔 개관

(공사비 4억 3천만 달러)

1998년,

라스베이거스의 상징인

지상 최대의 분수 쇼를 볼 수 있는

벨라지오 호텔 개관

(공사비 16억 달러)

그는 다채로운 이벤트와 볼거리를 제공해주는
초호화 호텔들을 차례로 건립하며 꿈을 실현했다.

그의 호텔을 필두로 다양한 관광호텔들이 들어서면서
라스베이거스는 커다란 변화를 맞이하게 된다.
더 이상 범죄의 온상지가 아니라
전 세계 관광객들이 즐겨 찾는
최고의 관광도시로 탈바꿈한 것이다.

스티브 윈의 '業의 재정립'
: "우리의 業은 도박業이 아닌 관광業이다."

참고 • 바바라 랜드, 마이크 랜드 (2009), 《생각의 혁신, 라스베이거스에 답이 있다》, 무현아 역, 살림
출판사

업의 재정립 2.
Process

사업방식은 정해져 있다?

익숙함에 낯선 의문을 제기할 때 혁신이 일어난다!

얼마 전 세계적인 렌터카 회사 에이비스(Avis)에 의해

5억 달러에 인수되어 그 가치를 인정받은 집카(ZipCar),

렌터카 분야의 패러다임을 바꾼 혁신적인 기업이다.

2000년에 설립된 집카는

아직 차가 없거나 차를 구입하고 유지하는 데 드는 비용이

부담스러운 이들에게 큰 인기를 끌며

10년 만에 40만 명의 회원과 7천여 대의 차량을 보유한

대형 렌터카 회사로 급성장했다.

2005년 1,366만 달러를 기록한 매출이

5년 만에 1억 8,610만 달러로 약 13배 급증!

다른 회사와 무엇이 달랐을까?

idea

집카 고객은 차를 대여하기 위해

대리점을 찾지 않는다.

스마트폰 어플을 통해

주위에 가장 가깝게 위치한 집카 차량을

검색한 후 회원 카드를

RFID칩이 내장된 앞유리에 태그,

곧바로 차량을 이용할 수 있다.

반납은 지정된 곳 중

고객이 편한 곳에 주차하면 OK!

게다가 하루 단위가 아닌,

단 한 시간 대여도 가능하다.

렌탈업에 공유 방식을 결합한

이른바 '카 셰어링 시스템'으로 차별화,

대여를 하기 위해 대리점을 찾아가야 하는

번거로움을 해결하는 동시에

대여 시간의 혁신을 이룩한 것이다.

집카의 '業의 재정립'

: "우리 業은 차량대여業이 아닌 차량공유業이다."

업의 재정립 3.
Product

조금만 시각을 넓히면

어떠한 제품, 어떠한 서비스를 제공할 것인지에 대한

다른 답이 우리를 기다린다.

1980년대 초, 코카콜라는 콜라 하나로

청량음료 시장의 무려 35%를 점유했다.

그래서 시장은 이미 포화되었다는 생각이 지배적이었고

더욱이 경쟁사 펩시콜라의 위협적 마케팅 활동으로

모두가 성장에 대해 비관적이었다.

바로 그때!

당시 CEO 로베르토 고이주에타(Roberto Goizueta)는
고위 임원들에게 질문했다.

"한 사람에게 하루 필요한 수분의 양은 평균 얼마입니까?"
"64온스입니다."
"그럼 한 사람이 하루에 마시는 코카콜라 양은 얼마입니까?"
"2온스보다 적습니다."
"그렇다면, 우리는 위 속에서 몇 온스를 놓치고 있습니까?"

직원이 바라본 시장은 고작 2온스였지만
고이주에타 회장이 바라본 시장은 64온스였다.

3%의 좁은 시각에서 벗어나
97%의 성장 가능성을 바라본 것이다.

이후 코카콜라는 콜라뿐만 아니라
500여 개 음료 브랜드를 보유한
세계 최대 기업으로 성장하였다.

고이주에타의 '業의 재정립'

: "우리의 業은 탄산음료業이 아닌 모든 음료를 만드는 業이다."

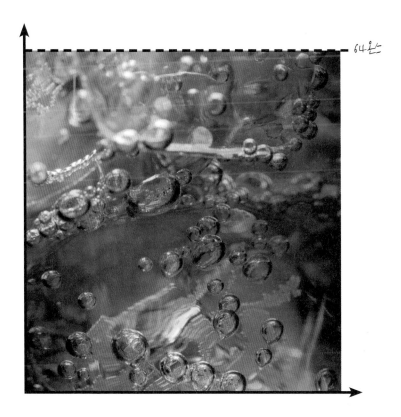

64온스

참고 • David B. Yoffie (2002), "Cola Wars Continue: Coke and Pepsi in the Twenty-First Century", Harvard Business School

평면적인 사고로는

변화할 수 없다.

틀을 깨고

입체적으로 사고해야만

변화하는 시장 속에

새로운 업을 볼 수 있다.

당신의 새로운 업은 무엇인가?

코카콜라 이야기

코카콜라는 1886년 약제사 존 펨버튼(John Pemberton) 박사가 두통을 경감시킬 약을 개발하다 만들게 된 음료수다. 당시 시음을 했던 약국 손님들이 특유의 청량감에 주목하자 펨버튼은 기분전환용 음료로 관심을 가지게 된다. 같이 동업했던 프랭크 로빈슨(Frank Robinson)은 이 음료에 '코카콜라(Coca-cola)'라는 이름을 붙여주며 C자가 돋보이는 흘림체 로고를 고안했다. 이것이 바로 코카콜라의 탄생 이야기다.

이후 1888년 사업가 아사 캔들러(Asa Candler)가 코카콜라에 대한 권리를 사들인 후 1895년부터 미국 전역에 판매하기 시작했다. 코카콜라가 세계적 음료수로 성장하게 된 것은 1923년 어니스트 우드러프(Ernest Woodruff)에게 인수되면서다. 그의 아들 로버트 우드러프(Robert Woodruff)는 올림픽을 후원하는 등 대대적으로 코카콜라를 알리기 시작했다.

특히 산타클로스 광고에서 그 효과를 톡톡히 누렸다. 한 손에 콜라를 들고 인자하게 웃고 있는 산타클로스의 모습은 사람들에게 코카콜라를 친숙한

이미지로 각인시킬 수 있었다. 산타클로스 하면 흰 수염에 빨간 옷을 입고 있는 이미지를 떠올리게 된 것도 당시의 이 광고가 결정적인 영향을 끼쳤다고 해도 과언이 아닐 정도다.

이후 코카콜라는 제2차 세계대전 당시 미국 병사들을 위한 군용 음료수로 납품되며 전 세계에 이름을 떨치게 되었다. 전쟁 당시 즐겨 마시던 코카콜라를 전쟁이 끝난 후에도 군인들이 계속 찾은 것이다. 제2차 세계대전 동안 미군이 소비한 코카콜라 양은 50억 병에 이른다고 한다.

현재 코카콜라는 펩시콜라라는 후발주자의 견제 속에서도 꿋꿋하게 성장하여 전 세계 200여 국가에 500개 브랜드로 3,500개의 음료 제품을 판매하는 세계적인 기업으로 우뚝 섰다. 그리고 그 브랜드 가치는 실로 경이로운 수준이다. 인터브랜드의 브랜드 가치 평가에서 코카콜라는 애플, 구글 등 쟁쟁한 기업을 제치고 13년간 연속 1위를 차지했다.

참고 • 콘스턴스 헤이스 (2006), 《코카콜라의 진실》, 김원호 역, 북앳북스

망원경처럼 멀리, 현미경처럼 자세히, 만화경처럼 재미있게!

망원경처럼 멀리, 현미경처럼 자세히, 만화경처럼 재미있게!

망원경처럼 멀리, 현미경처럼 자세히, 만화경처럼 재미있게!